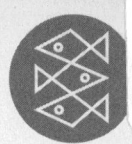

Die Experten von Frag Mutti können helfen: Für alle, die das erste Mal in eine WG ziehen, gibt es hier die ultimativen Tipps: vom WG-Casting, über Putz-Tricks und einfachen Renovierungskniffen bis hin zu den abgefahrensten WG-Partys.

Mit Geschichten aus dem turbulenten Leben einer Lieblings-WG, den besten Partyrezepten, Psychotests und dem ersten WG-Adventskalender zum Selbermachen.

Weitere Informationen finden Sie auf www.fischerverlage.de

BERNHARD FINKBEINER
HANS-JÖRG BREKLE
TABEA MUSSGNUG

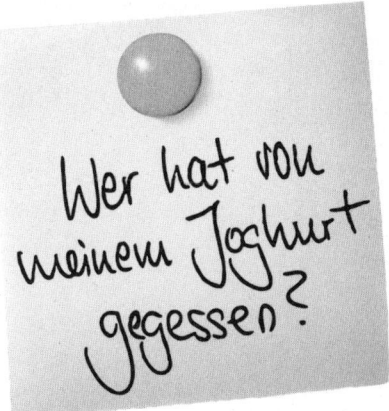

FRAG MUTTI
DAS WG-BUCH

FISCHER Taschenbuch

Originalausgabe

Erschienen bei FISCHER Taschenbuch
Frankfurt am Main, Oktober 2017

© 2017 S. Fischer Verlag GmbH,
Hedderichstr. 114, D-60596 Frankfurt am Main

Illustrationen: Sophie Strauß
Satz: Fotosatz Amann, Memmingen
Druck und Bindung: CPI books GmbH, Leck
Printed in Germany
ISBN 978-3-596-29951-5

INHALT

VORWORT

Keine Frage, die Zeit, in der man in WGs wohnt, irgendetwas studiert und wild und jung und frei ist, ist toll. Aber wir, die Autoren dieses Buches, haben im Laufe der Jahre, der Fettnäpfchen und der leicht peinlichen Missgeschicke auch festgestellt, dass nicht alles Gold ist, was glänzt: Die Waschmaschine macht manchmal, was sie will, die Kochkünste enden eventuell schon bei Nudeln mit Pesto und irgendetwas ist immer kaputt. Wir kapitulierten meistens und riefen unsere Mütter an, die uns geduldig erklärte, wie man Kartoffeln kocht oder vermeidet, dass nach dem Waschen alle Socken rosa sind. Das waren Schlüsselerlebnisse. Seither wissen wir: Der Anruf bei Mutti bleibt überlebenswichtig, egal ob man acht oder achtzehn (oder auch achtundzwanzig) ist!

Für alle, die Muttis und Vatis Nerven nicht überstrapazieren wollen – oder die einfach nicht möchten, dass auf den nächsten hundert Familiengeburtstagen die Eltern lustige Geschichten erzählen, die beginnen mit: »Und drei Wochen nachdem sie/er ausgezogen war, klingelt das Telefon und ihr glaubt nicht, was die Frage war! ...« – haben wir nun dieses Buch geschrieben. Endlich können wir unseren reichen, freud- und leidvollen Erfahrungsschatz loswerden! ☺ Alle Tipps in diesem Buch sind garantiert alltagstauglich. Viele davon wurden nicht nur von uns, sondern auch von einer großen Jury aus Schicksalsgenossinnen und -genossen auf unserer Website *www.frag-mutti.de* erprobt. Nach der Lektüre wirst du der perfekte Mitbewohner sein, der sich die Wohnung ausschließlich mit den coolsten Leuten teilt, die legendärsten WG-Partys schmeißt und einfach rundherum unfehlbar ist.

Ja, okay, vielleicht nicht ganz. Aber auf jeden Fall wirst du damit elegant diverse Fehler und Fettnäpfchen umschiffen können und hast einen praktischen Ratgeber für alle WG-Lebenslagen. Gute Ideen für WG-Partys und Mitbewohneraktionen, von denen ihr noch euren Enkeln erzählen könnt, sind auch im Gepäck.

Und jetzt los, rein ins WG-Leben, es ist eines der schönsten – wir wünschen dir viel Spaß!

Dein/e
Bernhard, Hans-Jörg und Tabea

BIST DU ÜBERHAUPT WG-TAUGLICH? –
DER FRAG-MUTTI-WG-TEST

Was isst du am liebsten?

a) Pasta! ○

b) Über Mamas Rinderbraten geht mir nichts. ○

c) Räuchertofu-Gemüsepfanne mit karamellisierten ○
Pinienkernen und im Anschluss vegane Crème
brûlée. Und ich lasse mir gern Zeit.

d) Paella mit Scampi; davon lassen sich auch ○
große Mengen machen. Ich bekoche ja total
gern andere – je mehr, desto besser.

Wie stellst du dir deine perfekte Wohnung vor?

a) Günstig, zentral und nicht im obersten Stock. ○

b) Balkon, Dielen, Kassettentüren, hohe Decken. ○

c) Geräumig und ruhig. ○

d) Bunt, individuell und immer was los. ○

Wie lange brauchst du morgens im Bad?

a) Fünf Minuten – Zähneputzen, Kämmen, ○
Eincremen, Deo.

b) Schon ziemlich lang. Das nervt meine ○
Eltern auch immer.

c)   Zwanzig Minuten – Duschen, Zähneputzen,   ○
     Haare stylen, Schminken.

d)   Ach, ich kann mich anpassen – und mich   ○
     stört es auch nicht, wenn jemand aufs Klo
     geht, während ich dusche.

Welche Haushaltsfähigkeiten hast du?

a)   Badputzen, Saugen und Wäschewaschen   ○
     krieg ich hin.

b)   Ich musste manchmal helfen, die Geschirr-   ○
     spülmaschine auszuräumen.

c)   Alles, was mit Desinfizieren zu tun hat.   ○

d)   Waschen, Putzen, Kochen, Bügeln, Mangeln,   ○
     Einwecken, Polsterpflege. Normal halt.

Warum möchtest du in eine WG ziehen?

a)   Weil ich es mir lustig vorstelle, und ich gleich   ○
     Leute kennenlerne.

b)   Weiß nicht, das macht man eben so als   ○
     Student, oder? Und meine Eltern sagen auch,
     es würde mir gut tun.

c)   Ich hätte ja lieber etwas Eigenes, aber das ist   ○
     schwer zu finden und sauteuer.

d)   Ach, ich bin so ungern allein. Ich find's schön,   ○
     dass dann immer jemand da ist, wenn ich
     nach Hause komme oder Lust auf einen
     Spieleabend habe.

Du willst duschen und entdeckst auf dem Boden der Dusche viele Haare. Was tust du?

a) Ich nehme den Duschkopf, spüle die Haare weg   ○
   und dusche dann. Was sonst?

b) Warum soll mich das stören? Sind doch eh   ○
   meine Haare.

c) Ich gebe ein ersticktes Würgen von mir,   ○
   verlange vom Urheber, die Haare zu entfernen
   und kann wochenlang beim Duschen an nichts
   anderes denken.

d) Ich ziehe Gummihandschuhe an, entferne die   ○
   Haare per Hand, um nicht durch etwaiges
   Herunterspülen den Abfluss zu verstopfen, und
   reinige die Dusche kurz mit Essigreiniger, wenn
   ich sowieso schon dabei bin. Alles gar kein Problem,
   voll okay.

Du kommst in der Nacht nach Hause, deine Mitbewohner schlafen schon. Du hast großen Hunger auf einen Teller Nudeln. Was tust du?

a) Ich weiche auf eine dieser China-Instant-   ○
   Nudelsuppen aus – dazu braucht man wenigstens
   nur den Wasserkocher, das ist nicht ganz so laut.

b) Ich kann nicht kochen. Aber ich frage kurz bei   ○
   meinen Mitbewohnern herum, ob sie mir helfen.

c) Na, ich koche mir richtig schön Pasta all'arrab-   ○
   biata.

d) Ich verzichte. Jetzt noch zu kochen wäre ○
wirklich zu laut, und ich stecke gern zurück
für die anderen. Vielleicht könnte ich morgen
Abend für alle Pasta kochen und noch die
neuen Nachbarn einladen?!

AUSWERTUNG

Überwiegend a: Der Normalo
Zieh in eine WG. Punkt. Du bist okay. Normal, nicht zu faul, nicht überengagiert, nicht zu pingelig, kein Dreckspatz. Wenn du jetzt noch eine Waschmaschine hast, kein Anhänger obskurer Kulte oder abseitiger Körpermodifikationen bist und Deo benutzt, wird dich jede WG-Casting-Jury mit Handkuss nehmen.

Überwiegend b: Das Nesthäkchen
Bist du das jüngste Kind deiner Eltern? Oder Einzelkind? Zumindest entsprichst du einigen Klischees, die dies mit sich bringen würden. Wahrscheinlich sind deine Eltern nicht von der Sorte, die viel Wert auf Mithilfe-Pläne für jedes Familienmitglied über drei Jahren legt, oder? Deine Eltern rufen dich, wenn das Essen fertig ist und stören dich manchmal ziemlich, wenn sie unverhofft in dein Zimmer kommen und deine frisch gewaschene, gebügelte und zusammengelegte Wäsche in akkuraten Stapeln anliefern wollen. Schon anstrengend, wenn man dann aufstehen und irgendwo

einen Platz dafür freiräumen muss. Du kannst natürlich in eine WG ziehen, aber lerne vorher wenigstens, wie man ein Bad putzt, wie eine Waschmaschine funktioniert und wie man in der Küche mehr macht, als Wasser heiß. Nicht nur, weil du das als jemand, der alt genug zum Ausziehen ist, können solltest, sondern auch, weil du dir sonst keine Freunde machen wirst. Wir meinen es wirklich nur gut, aber: Hopp!

Überwiegend c: Der Alleinwohner

Dich möchten wir schon an dieser Stelle bitten, dass du das Buch in deinen Händen zuklappst und jemandem schenkst, der tatsächlich für WGs geeignet ist. Denn du bist es nicht. Du willst Ruhe und Sauberkeit, Freiheit und nur dann Sozialkontakt, wenn du auch tatsächlich Lust darauf hast. Das ist in Ordnung, wirklich. Es gibt günstige kleine Wohnungen, man muss nur gut genug suchen. Und selbst wenn nicht, dann miete dich in einem dieser altmodischeren Wohnheime an der Uni ein, die noch Einzelzimmer vermieten anstatt dieser Zweck-Wohnheim-WGs, die in den letzten Jahren um sich gegriffen haben. Du wirst damit zufriedener sein, und deine theoretischen Mitbewohner auch. Zusammen wärt ihr nicht glücklich geworden.

Überwiegend d: Der Über-Mitbewohner

Du kannst einfach alles. Sternekoch, Putzprofi, kostenloser Therapeut, ewiges Verständnis. Du genießt nichts mehr, als für zwanzig Leute ein Drei-Gänge-Menü zu zaubern, deine

Tür steht immer offen, es können dir gar nicht genug Besucher sein. Du fühlst dich wahrscheinlich auch in Gemeinschaftsduschen wohl, sortierst die Wäsche aller deiner Mitbewohner freiwillig nach fünfzehn verschiedenen Kriterien und bist in einer Kommune aufgewachsen. Du bist so perfekt, so sozial, so pragmatisch und vor allem so entspannt, dass es einem schon wieder auf den Keks geht. Such dir gern eine WG mit mindestens sieben anderen, die deinem Kaliber entsprechen – sonst wirst du dich ewig fragen, warum dich die anderen nicht so richtig leiden können, obwohl du ihnen und all ihren Freunden doch jeden Morgen Pausenbrote mit lustigem Gemüsebelag aushändigst.

WIE FINDEST DU DIE RICHTIGEN MITBEWOHNER?

Es ist sieben nach drei. Auf 15 Uhr habe ich die erste Fünfergruppe bestellt, und ich finde es unfassbar, dass kein einziger bisher da ist. Wenn ich ein WG-Zimmer unbedingt haben wollte, würde ich fünf Minuten vorher da sein und nicht zehn zu spät. Ich bin nervös, das muss ich zugeben. In den letzten Wochen hat es irgendwie zu viele erste Male gegeben: die erste Vorlesung, das erste Mal Wohnung suchen, das erste Mal in der Mensa essen, das erste Mal Studi-Ticket kaufen, das erste Mal einen Mietvertrag unterschreiben. Und zwar für eine Wohnung, die für mich alleine sowohl zu groß als auch zu teuer wäre. Darum jetzt also: zum ersten Mal Mitbewohner suchen. Genauer gesagt: drei Mitbewohner. Ich habe ein WG-Casting ausgeschrieben, im Internet wie alle, und es haben sich viel mehr gemeldet, als ich naiverweise erwartet hatte. Ich musste also aussortieren, und heute habe ich die Vielversprechendsten eingeladen. Insgesamt zwanzig, in vier Fünfergruppen eingeteilt – Ordnung muss sein. Ordnung herrscht auch bei meiner Castingvorbereitung: Ich habe mehrere Blätter vor mir liegen. Eine Liste mit Fragen, die ich mir überlegt habe. Und auf dem Rest stehen die Namen der WG-Bewerber und sonst nichts, damit ich mir was zu ihnen aufschreiben kann. Irgendwie muss ich mich ja heute Abend noch an alle erinnern, um mich zu entscheiden. Oh, es klingelt. Ich atme noch einmal tief durch und drücke auf den Türöffner.

Die erste, die in die Wohnung kommt, ist klein, blond und laut. Sie redet laut, sie lacht laut, sie läuft laut. Es gibt ja diese

Menschen, bei denen jeder Schritt ein bisschen klingt wie ein Stampfen und bei ihr ist es erstaunlich, wie laut so ein kleiner Fuß auf einem ganz normalen Laminatboden klingen kann. Sie heißt Chrissi, studiert irgendwas mit Medien und hatte bisher ein Wohnheimzimmer. In den ersten fünf Minuten hat sie mir alles über ihre Zimmernachbarn, ihre Haustiere bei ihren Eltern daheim und ihre letzte Klausurphase sowie ihren Exfreund erzählt, ist dabei einmal versehentlich gegen die Badezimmertür gelaufen und hat in der Küche das leider offene Salz umgeworfen. Als ich die fünf Bewerber in der Wohnung herumgeführt habe und sie dann bitte, sich an den Küchentisch zu setzen, um noch ein bisschen zu reden, redet vor allem Chrissi. Ich komme kaum dazu, meine vorbereiteten Fragen zu stellen, dafür höre ich zwei Witze, die ich noch nicht gekannt habe. Während Chrissi einen Fischmund nachmacht, um zu zeigen, wie ihr Goldfisch Lisa guckt, wenn er sich erschreckt, weiß ich, dass sie in der engeren Auswahl ist. In der sehr engen Auswahl sogar. Ich schreibe auf ihren Zettel, was ich über sie schon weiß – »lustig, laut, zweiundzwanzig, liebt Flohmärkte, hasst Tomaten« – und überschreibe das ganze spaßeshalber mit Chrissi Chaos, ihr Nachname ist sowieso zu kompliziert.

In der zweiten Fünfergruppe ist keiner dabei, bei dem der Funke überspringt. Irgendwie bleiben alle farblos, und meine Fragen beantworten sie so, wie sie denken, dass man es von ihnen erwartet. »Ja, klar, Sauberkeit ist mir sehr wichtig.« »Ich gehe am Wochenende schon mal gerne abends weg, aber ich übertreibe es auch nicht.« »Natürlich bringe ich meine Küchenausstattung in die WG mit ein«. Blabla, fehlt nur noch, dass jemand den Bewerbungsklassiker bringt: »Meine Schwäche ist vor allem meine übertriebene Pünktlichkeit«. Ich weiß gar nicht, was ich überhaupt auf die jeweiligen Zettel schreiben soll. Einer kann sich nicht einmal meinen Namen merken und nennt mich trotz Korrektur dauernd Patrick. Ich verabschiede mich einigermaßen höflich, aber ich glaube, wir wissen alle sechs, dass keiner von uns den anderen noch einmal wiedersehen wird.

Die dritte Gruppe entschädigt mich: Ich treffe nämlich Freddy. Er ist so alt wie ich, studiert seit einer Woche Sport auf Lehramt, sieht auch so aus und wirkt nett. Ich gebe zu, was vor allem für ihn spricht, ist, dass er eine Waschmaschine besitzt und sie mitbringen würde. Ich habe mir nämlich schon den Kopf darüber zerbrochen, wo ich eine möglichst billig herkriegen könnte, und Freddy ist jetzt mein Waschmaschinen-Engel. Ansonsten macht er den Eindruck, als würde er seine Wochenenden nicht unbedingt lernend im Zimmer verbringen, eher im Gegenteil, aber Waschmaschine sticht Feierwut locker aus und immerhin spielen wir beide Volleyball, das ist doch schon mal ein Anfang. Weil ich nun schon mit Chrissi Chaos angefangen habe, nenne ich Freddy auf seinem Zettel Freddy Feier und vermerke »nett, offen, Party, Volleyball, WASCHMASCHINE«. Passt.

Die vierte und letzte Gruppe hält dann noch eine positive Überraschung bereit, denn mit ihr kommt Larissa. Sie ist das absolute Gegenteil von Chrissi: still, schüchtern, vorsichtig. Ihren Mantel legt sie auf dem Stuhl neben sich akkurat gefaltet und mit Bedacht ab, bevor sie meine Fragen beantwortet. Und ihre Antwort reißt es heraus: Sie studiert nämlich Mathe, genau wie ich. Und zwar sechs Semester über mir, und das heißt: Mit ihr hätte ich jemanden, der sich auskennt. Der weiß, wie welcher Dozent ist, und der vielleicht auch, dieser Hoffnung wage ich gleich mal Ausdruck zu verleihen, in der höchsten Not über meine Übungsblätter drübergucken könnte. Larissa lächelt und sagt leise »klar«. Es ist perfekt. Ab jetzt heißt sie Larissa Leise. Mit ihr in meiner Wohnung ist es ein bisschen, als wäre eine sehr souveräne persönliche Studienberaterin eingezogen.

Eine große Matheschwester, ein feierfreudiger Waschmaschinenbesitzer und eine schusselige Witzeerzählerin, ich bin zufrieden. Scheinbar war mein Bewerbungsmanagement gar nicht so blöd. Chrissi Chaos, Freddy Feier, Larissa Leise und ich werden bestimmt eine gute WG. Eigentlich bräuchte ich der Vollständigkeit halber auch noch einen Alliterationsnamen, sonst weinen Inka Bause und Vera Int Veen.

Hm, Paul Penibel vielleicht.

Suche – Biete

Das Durchforsten von Wohnungsmarkt-Anzeigen in Zeitungen oder auf diversen Internetportalen im Netz ist der übliche Weg, sich auf die WG-Zimmer-Suche zu begeben. Allerdings bleibt der Suchende hier recht passiv, da er nur auf bestehende Angebote reagieren kann. Wenn du die Zügel lieber gerne selbst in die Hand nimmst, kannst du auch den aktiveren Weg wählen und selbst eine Suchanzeige aufgeben.

FRAG MUTTI
TOP-TIPP

Grundsätzlich gilt: Zweigleisig fährt man am besten, d. h. Anzeigen studieren und gleichzeitig eine eigene Anzeige schalten, erhöht die Chancen, schnell fündig zu werden. Ein paar Tipps, die dir die Suche nach deiner Lieblings-WG oder einem neuen WG-Mitglied erleichtern können, erhältst du auf den nächsten Seiten. So lesen sich Wohnungs- oder Zimmerangebote teilweise äußerst kryptisch. Wohl dem, der in der Abkürzung TLB sofort das Tageslichtbad erkennt, oder weiß, dass RMH ein Reihenmittelhaus ist. Selbst das Kürzel WG kann für Verwirrung sorgen, da es nicht nur für eine Wohngemeinschaft, sondern auch für einen Wintergarten steht.

ABKÜRZUNGEN	UND IHRE BEDEUTUNG
Zi	Zimmer
Wfl	Wohnfläche
NKM	Nettokaltmiete
NK	Nebenkosten
BK	Betriebskosten
HK	Heizkosten
WG	(meistens) Wohngemeinschaft
B	Bad
D	Dusche
WB	Wannenbad
K	Küche
EBK	Einbauküche
BLK	Balkon
EG	Erdgeschoss
OG	Obergeschoss
AB	Altbau
AAP	Auto-Abstell-Platz

Was muss in meiner Anzeige stehen?

Ehrlichkeit ist oberstes Gebot. Man muss keinen Seelen-Striptease in einer Anzeige betreiben, aber aus einem Punker einen Banker zu machen, ist ebenso wenig sinnvoll, wie ein Klavierstudium mit zwei Stunden Übungszeit am Tag zu verschweigen. Ansonsten gilt: In der Kürze liegt die Würze, niemand will in einer Anzeige Romane lesen. Hier die relevanten Eckdaten ...

... für die Zimmer-Suche:
- Eine aussagekräftige Überschrift, z. B. »Student sucht möbliertes Zimmer in netter WG«
- Kurze Selbstbeschreibung, z. B. »Germanistik-Student, 23, Nichtraucher, tolerant und WG-erfahren, kein Couchpotato, sucht Zimmer ab sofort in geselliger, gerne gemischter WG«
- Lage-Wunsch, z. B. »Uni-Nähe, Altstadt o. Ä.«
- Zimmergröße, z. B. »min. 14 m²«
- Mietobergrenze, z. B. »max. 350 € kalt«
- Kontakt-Daten, Telefonnummer und E-Mail-Adresse

... für das Zimmer-Angebot:
- Eine aussagekräftige Überschrift, z. B. »Zimmer in gemischter 4er-WG zu vermieten«
- Kurze WG-Beschreibung, z. B. »2 Männer und 1 Frau, 21–25, keine Zweck-WG, suchen nette(n) Mitbewohner(in) für helles Zimmer in Altbau, 3. OG«
- Angabe zu Lage, Straße, Bezirk
- Zimmerbeschreibung und Ausstattung, z. B. »unmöbliertes 18 m² Zimmer, hell, Dielenboden, WLAN, Telefon & WM vorhanden«
- Mietpreis, Nebenkosten und Kaution, z. B. »280 € kalt, 30 € NK, 2 Monatsmieten Kaution«
- Verfügbarkeit, z. B. »frei ab Oktober 2017«
- Kontaktdaten, Telefonnummer und/oder E-Mail-Adresse

Augen auf bei der Wohnviertel-Wahl

	PRO	CONTRA
Gentrifi-zierungs-viertel, auch: Neues In-Viertel	Wohnungen mit Fünf-Meter-Stuck-Decken und Birn-holzdielen	Hohe Mieten
	Hoher Neidfaktor	Dress to impress
	An jeder Ecke Bio-supermärkte und Cafés mit Kokos-Möh-ren-Ingwersuppen zu Süßkartoffelkräcker	An jeder Ecke Biosuper-märkte und Cafés mit Kokos-Möhren-Ingwer-suppen zu Süßkartoffel-kräcker
Örtliche Bronx	Billige Mieten	Nächtlicher Heimweg riskant
	Niedrige Heizkosten aufgrund von schlecht-isolierten Platten-bauten mit Rentnern in den umliegenden Wohnungen, die im Winter auf 35 Grad heizen	Niedriger Neidfaktor
	Für den Spätkauf geht auch Mantel über dem Schlafanzug	Döner kann man auch nicht jeden Tag essen

	PRO	CONTRA
Stadt-randlage	Akzeptable Mieten	Bei 20 Minuten Anfahrt überlegt man sich dreimal, ob man zwischen Morgenseminar und Abendseminar heimfährt
	Große Wohnungen	Du bist im Freundeskreis immer derjenige, der zu den anderen kommen muss
	WG-Garten	Irgendjemand muss sich um den WG-Garten kümmern
Innen-stadt, Univer-sitäts-viertel	Zehn Minuten vor Vorlesungsbeginn aufstehen reicht	Bei dir trifft sich grundsätzlich jede Referatsgruppe
	Kurz ein Buch in der Uni-Bib ausleihen, zwischen den Seminaren heimgehen	Ruhiges Wohnen ist was anderes
	Univiertel und Kneipenviertel sind meist nah beieinander	Univiertel und Kneipenviertel sind meist nah beieinander
	Semesterticket ist kein Muss	Freie Parkplätze sind Mangelware

Wo inseriere ich eine Suche- oder Biete-Anzeige?

In allen großen Städten gibt es ein oder mehrere Stadtmagazine, zumeist mit einer eigenen Rubrik für WG-Angebote im Anzeigenteil. Hier lohnt ein Inserat für Suchende und Bietende gleichermaßen. Studenten können einen Aushang am schwarzen Brett der Uni oder der Mensa machen. Dieser sollte ansprechend gestaltet werden und mit Telefonnummern zum Abreißen versehen sein. Tageszeitungen sind ebenfalls eine Option, zählen aber mittlerweile eher zum alten Eisen. Schuld an den rückläufigen Leserzahlen (und damit geringerer Reichweite der Anzeigen) ist die Konkurrenz im Internet, womit wir beim weiten Feld der Online-Anzeigen-Möglichkeiten angelangt wären.

In punkto Tempo, Reichweite und Aktualität sind Anzeigen im Netz nicht zu toppen. Mittlerweile gibt es etliche Plattformen, die sich auf die Bedürfnisse von WG-Zimmer-Suchenden und -Bietenden spezialisiert haben. Der Suchbegriff »WG Zimmer Suche« fördert bei Google stolze 3,2 Millionen Ergebnisse zutage. Die Nutzung dieser WG-Portale ist in der Regel kostenlos und bietet eine Vielzahl an Features, die dem Suchenden oder Bietenden die Arbeit erleichtern. Auch hier gilt: Zweigleisig fahren ist sinnvoll, d. h. vorhandene Anzeigen zu studieren und parallel eine eigene Anzeige zu schalten, erhöht die Chancen. Zur Orientierung findet ihr hier die Adressen von fünf der größten und meistgenutzten Seiten im Netz, die sowohl für die Suche als auch für Angebote geeignet sind:

- www.wg-gesucht.de
  Wohl die bekannteste WG-Seite im Internet. Übersichtlich, viele Angebote, für private Nutzer kostenlos.
- www.wohngemeinschaft.de
  Die WG-Plattform von Immowelt. Ähnlich aufgebaut wie wg-gesucht.de, allerdings weniger Angebote.
- www.immonet.de/wg.html
  Auch immonet.de (gehört ebenfalls zu Immowelt) hat eine eigene WG-Suche.
- www.immobilienscout24.de/wohnen/wg-zimmer.html
  Auch Immobilienscout24 bietet eine spezielle WG-Suche, Vorteil ist hier ebenfalls die große Reichweite.

Wie reagiere ich auf eine Anzeige?

Besonders im Internet musst du fix sein: regelmäßig die Angebote prüfen und bei einer passenden WG so schnell wie möglich reagieren. Eine kurze mentale Vorbereitung auf ein Telefonat (zu einer zivilen Uhrzeit) ist ebenso hilfreich wie ein Merkzettel mit wichtigen Fragen. Bewirbst du dich per E-Mail, solltest du die grundlegenden Höflichkeitsformen beachten. Im Netz ist der Ton zwar allgemein etwas salopper als im Briefverkehr, aber ein freundliches »Hallo« und »Beste Grüße« ist dennoch angesagt.

Bei über hundert Bewerbungen werden oftmals nur die ersten dreißig Bewerbungen gesichtet. Darunter sind meist schon genug geeignete Bewerber, um nicht weiterlesen zu müssen. Aber bitte keine Copy-and-Paste-Fehler machen, das kommt gar nicht gut an! Schicke ein Bild von dir oder den Link zu deinem Facebook-Profil mit. So kann sich die WG schnell einen ersten Eindruck von dir verschaffen. Geh auf die Bewerbung ein, gib an, was du tust, wer du bist und was du gerne in deiner Freizeit machst. Sei ehrlich, keiner glaubt dir, dass du DER Putzfan bist. Wenn du allerdings kochen und/oder backen kannst, solltest du das unbedingt erwähnen – Küchen-Koryphäen sind in WGs gerne gesehen!

Erstis haben es hier vermutlich schwerer, aber wer schon eine Weile an der Uni ist, der sollte auf der Suche nach einer neuen WG als erstes im eigenen Umkreis anfragen: Im Freundeskreis, bei Kommilitonen oder auch Hiwis sollte man bekanntgeben, dass man auf der Suche nach einem WG-Zimmer ist. Öfter als gedacht kommt man so an ein neues WG-Zimmer ohne anstrengende WG-Castings durchlaufen zu müssen. Vitamin B eben.

+ + + + + + LIFE 💡 HACK + + + + + +

DEADLINE ANGEBEN

Ihr solltet in der Anzeige eine Deadline angeben, nach der keine Bewerbungen mehr angenommen werden. Dann kann die Anzeige online bleiben, und die Bewerber haben die Möglichkeit, sich die WG nachträglich nochmals anzuschauen.

+ + + + + + + + + + + + + + +

BERÜHMTE MITBEWOHNER

Uschi Obermaier, Rainer Langhans und diverse andere,
die in Vergessenheit geraten sind
Die berühmteste WG der deutschen Geschichte kommt natürlich
als erstes: die Kommune 1. 1967 aus Protest gegen Schrankwand,
Muttis Schnittchen und verliebtverlobtverheiratet gegründete
linke WG in Berlin. In der landläufigen Wahrnehmung vor allem
verbunden mit dem berühmten Foto der nackt an einer Wand
aufgereihten Mitbewohner (Idee für euer eigenes WG-Foto?!), dem
Satz »Wer zweimal mit derselben pennt, gehört schon zum Esta-
blishment« und dem Duo Obermaier/Langhans. Wobei erstere
nicht aus Überzeugung, sondern aus Liebe zu letzterem die offene
WG-Matratzenlandschaft in Kauf nahm. Und Langhans der jüngeren
Generation wahrscheinlich primär durch liebevoll abgeleckte Teller
im Dschungelcamp im Gedächtnis geblieben ist.

Ryan Gosling und Justin Timberlake
Unglaublich, aber wahr. Vermutlich standen vor der WG Mädels
Schlange, um den beiden den Müll runterzubringen oder Ähnliches.
Jedenfalls waren die beiden wirklich mal Mitbewohner, und zwar in
den Neunzigern, als beide noch beim »Mickey Mouse Club« arbei-
teten.

Vanessa Bell (wem das nichts sagt: Virginia Woolfs Schwester),
David Garnett und Duncan Grant
Der Preis für die absurdeste WG der Geschichte räumt vermutlich

sie ab, darum wird sie hier erwähnt, auch wenn sie nur »die Schwester von« ist. Vanessa Bell lebte Ende des 19. Jahrhunderts mit einem schwulen Paar zusammen, nämlich David Garnett und Duncan Grant. An sich noch nicht so seltsam. Aber: Sie hatte mit letzterem eine Tochter, Angelika, und diese wiederum heiratete kaum erwachsen geworden David Garnett. Damit war Angelika die Ehefrau des Liebhabers ihres Vaters. Oder: Ihr Vater war der Schwiegervater seines eigenen Lovers. Oder: Ihre Mutter und ihr Ehemann teilten sich denselben Kerl. Wie auch immer. Süße WG.

Ben Affleck und Matt Damon

War ja eigentlich klar, die machen ja sowieso nix ohne einander. Filme schreiben, Schauspielkarriere starten, Oscars abräumen, sich gegenseitig bei Jimmy Kimmel verarschen – und sich anscheinend auch um das Badezimmerbenutzungsrecht streiten und Zimmerpflanzen gießen.

Jane Austen, Cassandra Austen, Martha Lloyd

Jane Austen, ja, die, die »Stolz und Vorurteil« geschrieben hat, heiratete nie. Im 18. Jahrhundert in England ein Problem, denn wohin mit ihr nach dem, sagen wir mal: zwanzigsten Geburtstag? Jane geriet nicht in Panik, sondern gründete eine WG, auch wenn sie es nicht so genannt hätte. Mit ihrer genauso unverheirateten Schwester und der gemeinsamen Freundin Martha lebte sie glücklich und zufrieden in einem schnuckeligen Cottage, schrieb mal dies mal das und fuhr irgendwelche Verwandten in reichen Herrenhäusern besuchen. Nicht schlecht.

Gene Hackman und Dustin Hoffman

Bevor sie zu Hollywood-Urgesteinen wurden, haben diese beiden die ultimative WG-Erfahrung geteilt: eine Ein-Zimmer-Wohnung.

Lady Di und diverse englische Upperclass-Mädels

Ja, auch Diana Spencer lebte nicht von Anfang an in Palästen. Als sie gerade anfing, mit dem englischen Thronfolger schüchterne Dates zu vereinbaren, teilte sie sich eine Wohnung mit einigen Freundinnen aus ähnlich gutem Haus. Ihr WG-Leben erschöpfte sich vor allem in Fernsehabenden, Pasta-Partys und dem Pflegen des WG-Goldfischs.

Michael Douglas und Danny deVito

Deren WG ist auch schon eine Weile her: In den Sechzigern teilten sie sich eine Wohnung und schwärmen noch heute, dass der jeweils andere »der beste Mitbewohner der Welt« gewesen wäre und vor allem: »Es war eine magische Zeit«.

Elvis und die Memphis Mafia

Elvis' Luxusanwesen »Graceland« in Memphis/Tennessee war in den frühen Sechzigern bevölkert von Leuten, mit denen Eltern einem früher immer verboten haben, zu spielen und die passenderweise den Spitznamen Memphis Mafia bekamen. Elvis ließ seine Freunde –

fast ausschließlich Männer – bei sich wohnen, denn Platz hatte er genug, und kaufte ihnen Cadillacs, Pferde und was man sonst noch so braucht, denn neben Platz hatte er auch Geld. Gemeinsam lebte diese verwöhnte bis überdrehte WG den Traum der wilden Sechziger, bis Priscilla Beaulieu auftauchte, Elvis heiratete und nach und nach die Jungs rausschmiss, bis nur noch ein paar Getreue übrig waren.

Keith Richards, Mick Jagger und Brian Jones

Drei der Gründungsmitglieder der Rolling Stones waren auch Mitbewohner, und nichts ließ in dieser Zeit vermuten, dass sie sich bald jeder eine eigene Wohnung würden leisten können. Sie wohnten Anfang der Sechziger Jahre in einer heruntergekommenen WG in London. Dort hatten sie genug Zeit, sich das Mundharmonikaspielen beizubringen und aus Geldmangel Essen im Supermarkt zu klauen (kein Witz).

Das Casting

Hurra, es hat geklappt! Die WG in Traumlage mit dem großen Zimmer zum Schnäppchenpreis hat zur Besichtigung eingeladen. Jetzt solltest du möglichst alles richtig machen. Und das bedeutet, möglichst authentisch zu sein. Es handelt sich nicht um ein Bewerbungsgespräch für einen neuen Job. Es geht darum, die Menschen zu treffen, mit denen du eventuell die nächste Zeit zusammenleben wirst. Daher: Natürlichkeit rules. Das gilt auch für die Garderobe: Du gehst weder zum Campen noch in die Oper. Zieh dich einfach so an, als würdest du zu einem Date mit guten Freunden gehen.

Für den ersten Eindruck gibt es keine zweite Chance. Zum Glück gilt diese Regel für beide Seiten. Wenn du nach zwei Minuten merkst, dass die drei Heavy-Metal-Typen am Küchentisch so gar nicht dein Fall sind, solltest du dich höflich verabschieden. Wenn du andersherum von der Gegenseite das klare Signal spürst, nicht in den erlauchten Kreis zu passen, weil du weder vegan lebst noch Blogger bist, sagst du am besten ebenfalls Tschüss und gehst. Vielleicht hättest du beim ersten Telefonat doch etwas genauer nachfragen sollen … Im günstigsten Fall stimmt die Chemie zwischen Altbewohnern und Bewerber, und wenn dann noch das Zimmer so schön ist, wie auf dem Bild im Netz: Bingo!

O mein Gott, mein erstes WG-Casting! Ich stell es mir ja nicht toll vor, jetzt gleich mit anderen Leuten darum zu konkurrieren, wer sich am besten als Top-Mitbewohner darstellen kann. Wenn man auf SPON oder anderen Seiten etwas von WG-Casting liest, stellt man es sich doch ein bisschen vor, als ob garantiert einer der Jurymitglieder aussieht wie Dieter Bohlen. Meine Mit-Erstis haben mir ja in den letzten Tagen die schlimmsten Geschichten erzählt: Eine musste malen, wie sie sich selber sieht. Andere bekamen eine Liste mit seltsamen Fragen vorgelegt, die sie möglichst kreativ beantworten sollten. Eine davon »Welches Gemüse würdest du am ehesten auf Florian Silbereisen werfen und warum?« Andere wiederum kamen, nachdem sie sich als Erstis geoutet hatten, nicht mal in den Recall. Ich gebe zu: Jetzt, wo ich vor der Haustür stehe, würde ich am liebsten wieder gehen. Aber ich brauche ein Zuhause.

ZEIGE MIR, WAS DU FÄHRST UND ICH SAGE DIR, WER DU BIST: EINE FAHRRAD-TYPOLOGIE

Wer studiert, fährt Fahrrad. So sieht's aus. Wer auf dem Weg zum WG-Casting zufällig an den Fahrrädern der zukünftigen Mitbewohner vorbeikommt, kann daraus eine Menge ablesen.

Bonanzarad mit Retrosattel und ausklappbarem Spiegel,
gerne hellblau oder moosgrün lackiert
Das ist ein Hipster. Da gibt es kein Vertun. Wahrscheinlich ist er ein Mann, trägt Hosenträger, Bart und handbedruckte T-Shirts aus einem kleinen Start-up in Berlin-Kreuzberg. Ihm ist urban gardening genauso wichtig wie seine Vinyl-Schallplattensammlung, ein schön geratener Messy Bun und alles aus Süßkartoffeln. Abends schwingt er sich auf sein Bonanzarad und fährt in den Sonnenuntergang — immer schön dem nächsten Street-Food-Festival entgegen.

Mountainbike in schwarz, Punkt.
Auch hier darf man einen Mann erwarten. Allerdings könnte dieser nicht weiter vom Hipstertum entfernt sein. Er studiert vermutlich Mathe, Geophysik oder Maschinenbau, und das Rad hat er aus der Schulzeit herübergerettet, ebenso wie seinen praktischen Rucksack, den es mal bei den SAP-Schnuppertagen gab. Beinahe hätte er an einer Dualen Hochschule studiert, irgendwas Ingenieurartiges, aber sein Onkel hat vehement zur Uni geraten. Da sollen später die Gehälter besser sein und einige Freunde vom Tischtennis (falls cooleres Mountainbike: Fußball) daheim, studieren hier auch.

Hollandrad in Pastelltönen mit Plastikblumen am Lenker und einer gepunkteten Sattelhülle für Regentage

Dieses Rad gehört zu hundert Prozent einer Frau. Auch wenn sie sich nicht Frau, sondern Mädchen nennen würde. Sie studiert etwas mit Pädagogik oder mit Kunst, oder ach, Hauptsache was Soziales. Ihre WG besteht überwiegend aus anderen Mädchen, die ihr Fahrrad total süß finden und sich immer freuen, wenn sie es irgendwo unverhofft in der Stadt geparkt sehen. Dann machen sie ein Foto davon und schicken es mit Herzchen an die Besitzerin. Für so viel Aufmerksamkeit werden sie an Geburtstagen, Weihnachten, zum Semesterende und bei Einladungen zum gemeinsamen Waffelbacken von der Fahrradbesitzerin mit hübschen Geschenken belohnt. Zum Beispiel mit selbstgemachten Backmischungen im Glas, mit schönem Spitzenband drumherum.

Rennrad, teuer, meistens in gedeckten Farben

Dieses Rad siehst du eigentlich gar nicht auf der Straße, denn es wird von seinem/r Besitzer/in jeden Morgen fünf Stockwerke hinunter- und jeden Abend wieder hinaufgetragen und dort liebevoll im WG-Flur ins Bett gebracht. Ist auch sinnvoll, immerhin hat es den dreitausendfachen Wert der meisten anderen Fahrräder in Studentenstädten. An Wochenenden wird es dazu benutzt, Radrennen zu fahren, die auch noch regelmäßig gewonnen werden. Ach ja: In eurem WG-Kühlschrank stehen isotonische Getränke in unnatürlichen Farben und irgendwo garantiert auch noch eine irrsinnig große Plastiktonne Eiweißpulver.

Klapperrad mit kaputter Klingel und undefinierbaren Lackschichten in Brauntönen

Der Besitzer dieses Fahrrads ist entweder ein Hipster in höherer Bewusstseinsstufe, dann gilt s. o. Ansonsten ist der Besitzer ein/e abgeklärte/r Philosophiestudent/in, der/die sich jetzt schon beweist, dass er/sie auch später auf Luxus verzichten kann und über dem schnöden Konsum steht. In den Semesterferien unternimmt er/sie gern Interrailtouren durch Osteuropa und dass in der WG schon seit Wochen die Heizung ausfällt, stört auch nicht wirklich. Er/Sie hat ja seinen rumänischen Rotwein und kennt eventuell auch noch eine nette Ethnologin oder einen französischen Erasmusstudenten – beides wird die kalten Tage einfacher machen. Alternativ ist der Besitzer einfach jemand, dem schon 43 Mal das Fahrrad geklaut wurde, denn das kann in Studentenstädten oft passieren. In dem Fall ist er einfach ein sehr vernünftiger Mensch, der weiß, dass es Opas Rad auch tut und wenn es weg ist, keine Tränen fließen müssen. Nehmt euch alle ein Beispiel!

Liebe Muttis,
meine Mutter hat mal in einem Immobilien-
büro gearbeitet und möchte jetzt mit zum
Casting, um sich die WG anzuschauen.
Wir findet ihr das?

Da musst du jetzt stark sein und deine Mutter irgendwie abwimmeln. Wenn's gar nicht anders geht, verlege den

Termin und geh dann alleine hin. Denn erstes und oberstes Casting-Gebot: Eltern müssen draußen bleiben. Wer nicht alleine aufkreuzt, outet sich gleich als »nicht selbstständig«. Auch ein absolutes No-Go: den Lebenspartner, die beste Freundin oder den dicksten Kumpel mitbringen, da weiß die WG gleich, mit wem sie es dann ständig auch zu tun hat, wenn sie sich für dich entscheiden würde. Was sie dann natürlich nicht tut.

Also jeglichen Anhang zuhause lassen, das gilt übrigens auch für irgendwelche Dokumente, wie Elternbürgschaft, Bankauszug oder Bestechungsgeschenke (es sei denn, sie können innerhalb des Castings aufgegessen werden). Ist man zur WG-Zimmerbesichtigung eingeladen, braucht man gar nichts mitbringen, beim ersten Treffen geht es um den »Personal Fit«. Alles andere kann man regeln, sobald diese Hürde genommen ist. Sei du selbst, sei ehrlich, freundlich und aufgeschlossen. Das zählt. ⇐

SÄTZE, DIE DU BEIM WG-CASTING NICHT SAGEN SOLLTEST:

»Waschmaschine brauch ich nicht. Mama wäscht am besten.«
»Na ihr ... süßen Schnecken ...« *zwinker*
»Mit Nacktheit hab ich keine Probleme.«
»Aus den letzten sieben WGs bin ich schnell wieder ausgezogen. Lag aber nicht an mir, die Leute waren einfach immer schwierig.«

»Putzplan ... pfft ... ich finde, es hat ja jeder sein individuelles Gefühl dafür, wann es dreckig ist.«

»Ich kriege oft Besuch von meinen Cousins ... die wirken ein bisschen hart, aber das ist nur, was der Knast aus dir macht.«

»Sehr gern präpariere ich auch Tiere.«

»Weil ich bei sowas immer so aufgeregt bin, hab ich meine Eltern mitgebracht.«

»Ich war bisher im Wohnheim. Aber das war mir einfach zu wenig Party da.«

»Ich hoffe, meine Live-Rollenspiele erschrecken euch nicht«

»Ich bin der Klausi und das hier ist meine Ü-Ei-Figurensammlung«

»Ich spiele leidenschaftlich gerne Schlagzeug«

~~~~~~

Liebe Muttis,
beim letzten WG-Casting, das auch unser erstes war, haben wir (zwei Mädels auf der Suche nach einem männlichen Mitbewohner) uns echt Mühe gegeben. Mit Checkliste und Foto zu jedem Bewerber und so. Nach dem Gruppen-Casting haben wir aus all unseren Eindrücken und Aufzeichnungen drei Kandidaten ausgewählt. Die haben wir dann nochmal einzeln eingeladen und dann intensivst befragt. Sauberkeit war uns ganz wichtig. Und Ehrlichkeit. Dann haben wir uns für den entschieden, der die meisten Matchingpoints hatte. Und was haben wir bekommen: ein selbstgefälliges Dreckmonster, das nicht nur stinkfaul,

oberschlampig und grausam arrogant ist, sondern sich ständig durch unseren Kühlschrank frisst, den es selbst natürlich nie befüllt. Durch eine gute Fügung (es hat sein Jurastudium geschmissen und fängt jetzt irgendwo mit Sozialer Arbeit an) sind wir es jetzt los, stehen aber wieder vor der Herausforderung, einen neuen Mitbewohner finden zu müssen. Aber wie können wir verhindern, dass wir uns nicht nochmal für so ein Höllenwesen entscheiden?

Eines ist in der Konstellation Anbieter/Bewerber klar: Ihr habt etwas, was der andere haben möchte – ein Zimmer. Dieses ungleiche Machtverhältnis beim »Casting« sollte euch jedoch nicht dazu verleiten, den Dieter Bohlen raushängen zu lassen und einen Bewerber nach dem anderen nach strengen Vorgaben abzucasten. Haltet euch vor Augen, dass euer Gegenüber ebenfalls einen wichtigen Trumpf in der Hand hält: seine Persönlichkeit. Wer weiß, vielleicht wäre der Saxophonist, den ihr wegen seines lauten Musikinstruments abgewiesen habt, genau der Mitbewohner gewesen, der mit seinem ausgleichenden Wesen etwas Gelassenheit in die WG gebracht hätte? Hütet euch also vor Schnellschüssen und Vorurteilen. Lasst den Menschen erst einmal ankommen und bietet ihm einen Kaffee an. Wenn sich dann im Gespräch herausstellt, dass es so gar nicht passt, könnt ihr ihn immer noch ablehnen. Und: Verlasst euch in erster Linie auf euer Bauchgefühl!

Versucht im Vorfeld die Auswahl der Bewerber durch gezielte Nachfragen klein zu halten. In der Anzeige kann man auch schon mal die No-Gos klären, sollte es welche geben, wie z. B. Nichtraucher, keine Pärchen (wenn ihr mehr als einen Mitbewohner sucht), oder auch in eurer Beschreibung auf besondere Merkmale hinweisen: Wochenendheimfahrer, Vegetarier, 2 m, 2 w, 2 Tiger etc., die Menschen mit einer Katzenhaarallergie oder Steak-Liebhabern unnötige Wege ersparen.

Gerade in beliebten Städten erhält man innerhalb kürzester Zeit über hundert Bewerbungen. Es gilt also den Überblick zu behalten! Hier bietet es sich an, ein Google Doc mit allen Bewerbern anzulegen, so dass alle WG-Bewohner ihre Stimme abgeben können (z. B. einladen, vielleicht einladen, nicht einladen).

In der Regel genügt es dann, maximal fünfzehn bis zwanzig Bewerber einzuladen. Wer sich geschickt anstellt und etwas Hirnschmalz in die Beurteilung der Bewerbungen steckt, der kann diese Zahl auch auf fünf bis sieben reduzieren. Mit der Zeit hat man den Bogen raus.

Die Frage ist nur: Lädt man die Leute einzeln ein oder zusammen? Einzeln ist natürlich zeitaufwändig, aber man hat den Vorteil, die Person besser kennenzulernen. Schließlich sucht man jemanden, mit dem man die nächste Zeit zusammen leben wird. In der Gruppe gehen ruhigere Menschen gerne unter und der lauteste oder dominanteste Bewerber der Gruppe ist nicht unbedingt der passendste. ⇐

Vor- und Nachteile von Einzelbesichtigungen

Bei Einzelbewerbungen entsteht kein Konkurrenzdruck, und ihr könnt euch auf die eine Person einlassen und versuchen, sie so gut wie möglich kennenzulernen. Das hat natürlich seinen Preis: Angenommen, ihr nehmt euch dreißig Minuten pro Bewerber Zeit und habt zwanzig eingeladen, dann seid ihr zehn Stunden beschäftigt. So kommt ihr nicht drum herum, das Casting auf zwei oder sogar mehr Tage zu verteilen.

Um den Ablauf so reibungslos wie möglich zu gestalten, solltet ihr die Aufgaben unter den WG-Bewohnern aufteilen: Falls möglich, empfängt einer von euch die Bewerber, der nächste macht während der Besichtigung Notizen und ein anderer verabschiedet die Bewerber. Eine Pause solltet ihr euch aber nach einiger Zeit auch gönnen, ansonsten lauft ihr Gefahr, euch hinterher nicht mehr richtig an alle Bewerber erinnern zu können.

Vor- und Nachteile von Massenbesichtigungen

Eine Gruppenbesichtigung geht natürlich wesentlich schneller. Dennoch sollte man in Grüppchen arbeiten. Es macht keinen Sinn, alle zwanzig Bewerber auf einmal einzuladen. Gruppen von drei bis fünf Bewerbern haben sich hier als praktikabel erwiesen. Der Nachteil ist, dass ein gewisses Konkurrenzdenken unter den Bewerbern herrscht und sich die Bewerber deswegen – bewusst oder unbewusst – verstellen. Andere fühlen sich eher unwohl in der

Gruppe. Man kann also ein verfälschtes Bild von einem Bewerber bekommen.

Auch ist oftmals eine Person in der Gruppe recht dominant oder laut, so dass es schwer fallen kann, sich alle Bewerber genau anzuschauen.

Eine angenehme Atmosphäre kann die Situation etwas auflockern. Warum nicht etwas zu essen und zu trinken anbieten? Im Wohnzimmer können dann ganz entspannt Fragen gestellt werden, die Bewerber sind lockerer, Konkurrenzgedanken kommen wesentlich weniger auf.

Um bei einer Massenbesichtigung den Überblick zu behalten, könnt ihr jeden Bewerber bitten, am Ende der Besichtigung etwas über sich selbst auf einen Block zu schreiben (oder zeichnen oder malen).

Auch könnt ihr fragen, ob ihr ein Foto von ihm machen dürft, um sich später wieder besser an ihn erinnern zu können.

WG-Konstellationen

Die eine perfekte WG-Zusammensetzung gibt es natürlich nicht. WGs sind so unterschiedlich wie die Persönlichkeiten, aus denen sie zusammengesetzt sind. Hier sollte jede WG und jeder Bewerber für sich selbst herausfinden, welche Konstellation am besten passt: gemischt, nur Mädels oder nur Jungs? Richtig ist, was gefällt. Denn auch wenn man eigentlich auf der Suche nach einer Frau ist, kann einem doch eine coole männliche Socke beim WG-

Casting über den Weg laufen, so dass man sich umentscheidet.

Gemischte WGs tendieren dazu, ausgewogener und entspannter zu sein. Eine reine Männer-WG kann schnell zu einer Party-WG mutieren. Böse Zungen behaupten, dass der Zickenfaktor in einer reinen Mädels-WG etwas höher liegen kann.

Das gleiche gilt für die Anzahl der Bewohner. Diese ist natürlich begrenzt durch die Anzahl der Schlafzimmer in der WG. Vier oder drei hat sich als recht praktisch erwiesen: meistens was los, aber nicht zu viel, um regelmäßig Chaos ausbrechen zu lassen. (Versuch mal einen Putzplan für sechs Leute aufzustellen. Bonne Chance!) Außerdem geht es ab fünf Personen doch eher wie im Studentenwohnheim als in der Lieblings-WG zu. Bei zwei Personen ist es eher etwas ruhiger, typische WG-Aktivitäten werden dann natürlich schwierig. Vor allem dann, wenn einer der beiden Bewohner öfters nicht da ist.

+ + + + + + LIFE HACK + + + + + +

GEWINNE MITBEWOHNER

Wir in unserer Vierer-WG sind absolute Spielefans, und zwar ganz altertümlich am Küchentisch. Klar, dass man das lieben muss. Und so holen wir bei WG-Castings, was bei uns zum Glück nicht so häufig vorkommt, die Karten/das Brettspiel raus und zocken eine Runde. Ich sag euch, nach vier

Stunden »Risiko« entpuppt sich bei jedem der wahre Charakter, da kommt kein Assessment Center mit.

FRAGEBOGEN AUSFÜLLEN

Wir haben für unser Gruppen-Casting einen Fragebogen entwickelt, weil manche, sehr persönliche Fragen schlecht zwischen Tür und Angel bei einem Massenauftrieb zu beantworten, aber doch wichtig bei der Entscheidung für einen Bewerber sind. Und damit das nicht so nach »Ausziehen« aussieht, hat jeder von uns diesen Fragebogen auch ausgefüllt. (Unsere ausgefüllten Bögen sehen die Bewerber aber erst, nachdem sie ihre fertig haben, damit nicht geschleimt werden kann).

Also ich habe alles in allem ein gutes Gefühl, dass das meine WG werden könnte. Die Wohnung ist schön und groß, die Miete gemessen an dem, was man in Studentenstädten manchmal für ein dunkles Kellerloch mit Waschbecken zahlt, sogar fast niedrig. Paul scheint mir nett, auch wenn mir zwei Dinge ein bisschen zu denken geben: Erstens gehört er zu den Menschen, die nach jedem Satz, den sie schreiben, die Kugelschreibermine ordnungsgemäß mit einem energischen Knopfdruck wieder in den Kugelschreiber zurückschicken und dann den Kuli sachte und in einem rechten Winkel auf dem Tisch ablegen. Das lässt tief blicken. Zweitens haben seine Augen verdächtig begeistert geleuchtet, als klar wurde, dass ich dasselbe studiere wie er – nur halt schon seit einigen Semestern. Ich glaube sowieso, dass ich falls er mich nimmt, die Älteste in der WG sein werde. Alle anderen, die ich beim WG-Casting gesehen habe, waren deutlich jünger. Ich weiß noch nicht, wie ich das finde. Bin ich dann WG-Mutti? Ersti-Kummerkastentante? Unbezahlte Haushälterin für Abiturienten, die noch nie ein Bad geputzt haben? In Pauls Fall werde ich wohl der private Mathe-Joker werden. Aber wenn ich dafür ein Zimmer in bester Lage und eine nette WG bekomme, kann ich damit gut leben. Und Paul ist Hauptmieter, da muss ich mich wenigstens nicht mit dem Vermieter rumschlagen.

Der Mietvertrag

Grundsätzlich unterscheidet sich ein WG-Mietvertrag nicht von einem herkömmlichen Mietvertrag. Allerdings gibt es verschiedene Gestaltungsmöglichkeiten für einen solchen Vertrag. Je nach gewählter Variante liegen die Vorteile mal bei den WG-Bewohnern, mal beim Vermieter. Da die Wohnung Eigentum des Vermieters ist, hat er das letzte Wort, welche Art von Vertrag zur Geltung kommt. Hier die vier Möglichkeiten:

1. MÖGLICHKEIT: DU BIST HAUPTMIETER, ALLE ANDEREN WG-BEWOHNER SIND UNTERMIETER

Eine Person schließt als Hauptmieter einen Vertrag mit dem Vermieter ab. In diesem Vertrag muss dem Mieter das Recht auf Untervermietung gewährt werden. Der Hauptmieter kann nun einzelne Zimmer der Wohnung an andere Personen untervermieten.  Dieses Modell räumt dem Hauptmieter (als einzigem) das Recht ein, die komplette Wohnung oder einzelnen Untermietern zu kündigen. Dabei muss er die gesetzlich vorgeschriebene Kündigungsfrist (in der Regel sechs Monate) einhalten. Gleichzeitig haftet er für die gesamte Wohnung und damit auch für eventuelle Mietschulden anderer. Alle Untermieter haften nur für die Vereinbarungen, die in ihrem mit dem Hauptmieter geschlossenen Vertrag festgehalten sind.

Achtung: Auch wenn zwischen den WG-Mitgliedern, also zwischen Hauptmieter und Untermietern, ein freundschaftliches Verhältnis besteht, sollten keine Vereinbarungen per Handschlag getroffen werden. Kommt es zu Streitereien, ist man mit einem von beiden Seiten unterschriebenen Untermietvertrag immer besser beraten.

Ist man der Hauptmieter und die anderen Mitbewohner sind »lediglich« die Untermieter, hat das natürlich gewisse Auswirkungen auf das Mietverhältnis. Zuerst einmal die schlechte Nachricht: Als Hauptmieter haftest du, wie schon erwähnt, allein gegenüber dem Vermieter. Geht irgendetwas schief (und es kann eine Menge schiefgehen), bist du dran und es liegt dann an dir von deinen Untermietern entschädigt zu werden.

Dein Untermieter überweist die Miete nicht rechtzeitig? Das interessiert den Vermieter herzlich wenig, er bekommt ja die gesamte Miete von dir. Dein Untermieter hat in der Küche randaliert? Du musst für den Schaden aufkommen. Bei einer Party wurde die Wohnung geflutet? Tja, auch hier bist du für den Wasserschaden verantwortlich und musst dich dann an deine Untermieter wenden.

Aber natürlich hat man als Hauptmieter auch Vorteile: Du kannst deinen Untermietern relativ unkompliziert kündigen. Das heißt, sollte sich herausstellen, dass ihr doch nicht so gut könnt, kannst du relativ unkompliziert für »Ersatz« sorgen.

+ + + + + + LIFE 💡 HACK + + + + + +

NEBENKOSTENABRECHNUNG

Alle Jahre wieder: Die Nebenkostenabrechnung kommt ins Haus geflattert. Als Hauptmieter beginnt nun die stressigste Zeit: Man muss alles aufteilen und schauen, dass man sein Geld von den Untermietern erhält. Das kann sich als schwierig herausstellen, wenn der Mitbewohner bereits vor einem halben Jahr ausgezogen ist und keine Folgeadresse hinterlassen hat und man eine Nachzahlung eintreiben muss. Deshalb in guten Zeiten, am besten beim Einzug im Rahmen des Mietvertrages, schon für die schlechten Zeiten vorsorgen, und alle Eventualitäten schriftlich abklären: wie wird abgerechnet, was passiert, wenn jemand auszieht oder für einen längeren Zeitraum nicht in der Wohnung lebt etc.

+ + + + + + + + + + + + + + + + +

Hauptmieter bin ja ich. Nicht unbedingt ein Traumjob, weil man dauernd den Eindruck hat, wenn irgendwas schiefläuft, ist man zum Schluss der, der den Kopf hinhalten muss. Leider ist das auch nicht nur ein Eindruck. Ich kriege die ganzen Rechnungen, von meinem Konto geht unsere Miete ab und wenn das Wasser abgestellt ist, bin irgendwie immer ich derjenige, der die Hausverwaltung anrufen muss. Meine Eltern mussten eine Bürgschaft unterschreiben, das hat sie auch nicht unbedingt begeistert. Und meine Mitbewohner tun sich nicht gerade darin hervor, mich in meinem schweren Job als Hauptmieter zu unterstützen. Chrissi hat es geschafft, schon im allerersten WG-Monat mit der Miete zu spät dran zu sein, Freddy hat beim Einzug an jeder einzelnen Wand eine Macke hinterlassen, und Larissa klebt mir Post-Its an die Zimmertür, auf denen Dinge stehen wie »Bitte Hausmeister Bescheid sagen, dass das Flurlicht nicht mehr geht«, als hätte sie zwei gebrochene Hände und könnte nicht selbst telefonieren. Das einzig Gute am Hauptmietersein: Wenn sie mich mal richtig nerven, könnte ich sie alle rausschmeißen. Also würde ich nicht machen. Aber allein die Option beruhigt manchmal schon meine Nerven.

2. MÖGLICHKEIT: DU BIST UNTERMIETER

Wenn eure Suche nach einem WG-Zimmer erfolgreich war (Herzlichen Glückwunsch!), wird sich in vielen Fällen die Notwendigkeit ergeben, einen Untermietvertrag mit dem Hauptmieter der Wohnung abzuschließen. Die Erlaubnis des Vermieters zur Untervermietung muss dafür im Hauptmietvertrag festgelegt sein. Theoretisch hat der Vermieter ein Mitspracherecht bei der Auswahl des neuen Untermieters. In der Praxis wird er sich aber normalerweise nicht in die Auswahl der WG-Mitglieder einmischen, sondern möchte lediglich über einen Untermieterwechsel informiert werden. Lasst euch bei Abschluss des Untermietvertrages unbedingt eine Kopie des Hauptmietvertrages geben. Im Streitfall kann das sehr hilfreich sein. Und nochmal: Trefft keine Vereinbarungen per Handschlag. Auch der netteste Hauptmieter kann im Streit unter plötzlich auftretenden Gedächtnislücken leiden und wortbrüchig werden. Ihr sichert euch mit einem Untermietvertrag die Rückendeckung des Mieterschutzgesetzes, wenn es hart auf hart kommt. Ein Untermietvertrags-Muster findet ihr zum Download im Netz.

Normalerweise beträgt die gesetzliche Kündigungsfrist für einen Untermietvertrag durch den Hauptmieter in den ersten fünf Mietjahren sechs Monate. Von Seiten des Untermieters kann mit einer Frist von drei Monaten gekündigt werden. Folgende Ausnahmeregelungen gibt es:

- Kann der Hauptmieter ein berechtigtes Interesse an der Kündigung des Untermieters nachweisen (z. B. Eigenbedarf), verkürzt sich die Kündigungsfrist auf drei Monate.

- Wurde das Zimmer möbliert untervermietet, gilt der gesetzliche Kündigungsschutz für Wohnraummietverhältnisse nicht. Die Kündigung kann bis zum 15. eines Monats mit Wirkung zum Monatsende durch den Hauptmieter oder Untermieter erfolgen. Daher sollte das Zimmer vor eurem Einzug absolut leergeräumt sein (außer ihr selbst habt Interesse an der Möglichkeit einer schnellen Kündigung).

3. MÖGLICHKEIT: ALLE WG-BEWOHNER SIND HAUPTMIETER

Diese Variante wird von den meisten Vermietern bevorzugt, da sie ihnen die weitreichendsten Rechte einräumt. Alle Mitbewohner unterzeichnen den Hauptmietvertrag und sind damit gesamtschuldnerisch haftbar. Das bedeutet: Zahlt ein Bewohner seine Miete nicht, kann der Vermieter sie von jedem beliebigen Mitglied der WG einfordern, zur Not per Gericht. Gleichzeitig ergibt sich daraus, dass die Wohnung nur von allen Mietern gleichzeitig gekündigt werden kann.

Achtung: Besteht der Vermieter auf dieses Vertragsmodell, sollten die WG-Mitglieder unbedingt im Vorfeld schriftlich festlegen, wie mit dem Auszug einzelner verfahren wird. Wer kümmert sich um einen Nachmieter? Welche Schönheitsreparaturen werden fällig? Auch die Aufteilung der anfallenden Nebenkosten sollte, speziell bei unterschiedlich großen Zimmern, schriftlich vereinbart werden.

4. MÖGLICHKEIT: JEDER WG-BEWOHNER IST EIN EIGENSTÄNDIGER MIETER

Bei diesem Modell schließt der Vermieter mit jedem Bewohner einen eigenständigen Vertrag, der sich in der Regel auf ein Zimmer und die Mitbenutzung von Küche und Bad bezieht. Jeder Mieter ist nur für die Einhaltung seines Vertrags verantwortlich. Kommt ein anderer Mitbewohner seinem Vertrag nicht nach, kann dafür niemand anderes haftbar gemacht werden. Auf dem freien Wohnungsmarkt ist diese Vertragsvariante eher selten zu finden. Logisch, der Vermieter wäre schön blöd, wenn er auf die Haftungsmöglichkeit der anderen Mieter verzichtet. Üblicherweise findet man solche Vertragsmodelle nur bei institutionellen Einrichtungen, beispielsweise dem Studentenwerk.

Wer zahlt den Makler?

Seit dem 1. Juni 2015 gilt in Deutschland das sogenannte Bestellerprinzip: Derjenige, der den Makler schriftlich damit beauftragt eine Wohnung bzw. Mieter zu suchen, muss ihn auch bezahlen. Da die wenigsten WG-Suchenden bzw. -Gründenden die Wohnungssuche einem Makler überlassen, sondern eher ein Vermieter einen Makler beauftragt, Mieter zu finden, sollte sich diese Frage inzwischen weitaus weniger für Studenten stellen. Ist ein vom Vermieter beauftragter Makler im Spiel, muss der Vermieter auch den Makler bezahlen.

Wohnungsübergabe, Übergabeprotokoll

Habt ihr eure Lieblings-WG gefunden oder steht der neue Mitbewohner oder die Mitbewohnerin fest, geht es ans Kleingedruckte: Mietvertrag, Wohnungsübergabe und Übergabeprotokoll müssen abgehakt werden. Toll ist, wenn man das alles ohne den Vermieter regeln kann, also eine direkte Übergabe zwischen Vor- und Nachmieter stattfinden kann. Dem Vermieter gibt man nur kurz Bescheid, dass ein neuer Mietvertrag benötigt wird, der dann mit der Post kommt (vorausgesetzt, jeder Bewohner ist Hauptmieter). Die Wohnungsübergabe und das Übergabeprotokoll kann man daher meistens ohne den Vermieter regeln. Der Vermieter ist zufrieden und wird auch nicht so oft daran erinnert, dass er ja die Miete mal wieder erhöhen könnte. ☺

Gibt das Verhältnis in der WG bzw. mit dem Vermieter eine solche Vorgehensweise nicht her, dann kommt man natürlich nicht drumherum diese Dinge mit dem Vermieter abzuwickeln.

WG-VERTRAG FÜR ALLE FÄLLE

Ich verfüge über eine lange Freud-Leid-Erfahrung und kann allen WG-Neulingen nur empfehlen, neben dem Mietvertrag einen WG-Vertrag aufzusetzen, der primäre Dinge des WG-Lebens klar regelt, als da z. B. sind: Was passiert, wenn die Miete nicht rechtzeitig auf dem WG-Konto landet, wenn die Haushaltskasse nicht bedient wird, wenn bei einem Bewohner längerer Besuch ansteht/er sein Zimmer kurzfristig untervermieten will? Des Weiteren wird darin geklärt, was beim Auszug geschieht, wann und wie etwas renoviert werden muss, was aus dem gemeinschaftlich erworbenen Zeugs (Waschmaschine etc.) wird und der noch ausstehenden Abrechnung der Nebenkosten. Ich sag euch, eine solche Vereinbarung ist zwar vielleicht etwas spießig, aber sie kann schlaflose Nächte verhindern, wenn euch zum Beispiel ein Mitbewohner auf seiner dreimonatigen Asienreise zwar Katzen und Schmutzwäsche hinterlässt, aber weder für Zwischenmieter noch Mietrücklage gesorgt hat.

KAUTION VOM UNTERMIETER

Ich bin Hauptmieter und verlange von jedem meiner Untermieter eine Kaution, damit mir so etwas nicht passiert.

ALLES FESTLEGEN

Wir haben in einem solchen Vertrag auch das ganze Haus-
halts- und Einkaufsmanagement aufgenommen, frei nach
dem Motto: Wer schreibt, dem bleibt auch was im Kühlschrank.

Einzugstag! Juhu! Aber irgendwie ist bisher der Wurm drin. Erst kamen von den sieben, die versprochen hatten, mir AUF JEDEN FALL beim Umzug zu helfen, drei schon mal gar nicht: krank, verschlafen, muss lernen. Die restlichen vier schleppen einigermaßen motiviert Kisten, aber mir wurde erst im Nachhinein klar, wie viele Stufen eigentlich das Treppenhaus hat und was es bedeutet, ohne Aufzug umzuziehen. Ich habe schon hier und da leises Murren gehört, dabei haben wir noch gar nicht mit den Bücherkisten und dem Schrank angefangen. Ach ja, die Bücherkisten. Leider habe ich bis heute Morgen noch nichts von dem Trick gehört, lieber in alle leichten Kisten ein Buch zu verteilen, als alle Bücher in einen Umzugskarton zu packen, der dann etwa so viel wiegt wie ein Elefantenbaby. Und zu allem Überfluss reichen die Brezeln, die ich für meine Helfer besorgt habe, hinten und vorne nicht – erst recht, seitdem sich Freddys Helferlein auch noch davon bedienen. Muss jetzt rausfinden, wo hier der nächste Pizzalieferant ist und hoffe schwer, dass ich am Ende des Tages die vier Umzugshelfer-Freunde immer noch meine Freunde nennen kann.

Der Umzugs-Plan

Planung ist alles! Zuerst solltest du dir genügend stabile Kartons besorgen. Dafür muss man nicht zwingend Geld ausgeben. Einfach mal im Einkaufszentrum oder beim Discounter nach brauchbaren Kisten fragen. Allerdings schon vor Ort kritisch prüfen, ob du die Bananenschachtel auch später vollbepackt gut tragen kannst. Dann kannst du dir Gedanken um einen geeigneten Transportwagen machen. Es ist unter Umständen günstiger, einen Transporter zu mieten, als mehrmals mit einem Fiat 500 vorzufahren. Damit du nicht alleine schuften musst, solltest du rechtzeitig deine zuverlässigsten Freunde um Hilfe bitten. Dabei Aufwand und Arbeitswillen realistisch (das heißt: ersteres mehr, letzteres geringer) einschätzen. Deine zukünftigen WG-Mitbewohner können natürlich auch eine Hilfe sein, aber unbedingt vorher fragen und nicht einfach die vollbepackten Kisten sozusagen als Einzugsgeschenk in deren Hände drücken. Wenn mehrere WG-Mitglieder am gleichen Tag einziehen (was eigentlich keine gute Idee ist), solltet ihr euch vielleicht mit allen Helfern zusammentun und einen Umzug nach dem anderen abwickeln, ansonsten kann's ziemlich chaotisch werden. Wenn dann alles geschafft ist, könnt ihr auch gleich zusammen feiern.

Unsere wertvollsten Umzugstipps

PACKE MIT SYSTEM! In eine Kiste deine Bade-
und Kosmetiksachen, in die andere die Kü-
chenmaschine von Oma, in die nächste die
Spielkonsole, das Ninjaschwert und deine Bücher. Aber Vorsicht: Ein Karton sollte höchs-
tens zwanzig Kilogramm wiegen. Um den
Kisten beim Packen Stabilität zu verleihen, gilt
als Faustregel: unten schwer, oben leicht. Also: unten Bücher
oben Schwert. Und darauf achten, dass die Grifflöcher frei
bleiben, damit man die Kiste gut anheben kann.

Als Packpapier eignet sich Zeitungspapier, allerdings
solltest du beachten, dass bei erhöhtem Druck oder Feuch-
tigkeit die Druckerschwärze abfärbt. Um zerbrechliche
Gegenstände während des Umzugs vor dem Hin- und Her-
rutschen aber auch deine Spitzen-Dessous vorm Verfärben
zu schützen, nimmst du daher lieber Packpapier, Handtücher, Socken, Geschirrtücher und Bettbezüge als Stopf-
material. Wenn alles verstaut ist, vergiss nicht, die Kisten
zu beschriften, entweder mit dem, was drin ist, oder mit
dem Ort, wohin sie sollen. Am besten, du schreibst beides
drauf, vielleicht bleibt dann »Küche/Küchenmaschine
Oma« schon für den nächsten Umzug gepackt.

Dinge, die nicht in Kisten passen, solltest du eventuell
auseinanderbauen, damit sie transportiert werden können,
und/oder vor möglichen Schäden durch geeignete Ver-
packungsmaterialen (z. B. Luftpolsterfolie) schützen.

Da vielleicht nicht alles gleich am richtigen Ort landen

wird oder manchmal auch irgendwo auf der Strecke bleibt: Packe wichtige Dokumente, Medikamente und Zahnbürste in eine Tasche und deponiere sie an einem sicheren und auch später noch zugänglichen Ort in deiner neuen Wohnung.

FÜRS ABLADEN UND HOCHSCHLEPPEN parke auf dem vorher schon freigehaltenen Parkplatz vor dem Haus das Auto so, dass man es direkt entladen kann. Vergiss nicht, je nach Wohnsituation das Treppenhaus »abzusichern«, z. B. Stolperfallen wie Fußabtreter und Blumentöpfe zu beseitigen.

BEIM HOCHTRAGEN ist es am besten, du bleibst in der Wohnung und weist deine Helfer an, wo alles hinkommt. Zwar steht das auf den Kisten, doch mit körperlicher Anstrengung nimmt bei manchen das Sehvermögen ab, und dann gibt's Chaos. (Wenn dir jemand dumm kommt, sag einfach, das steht so in »Frag Mutti«.)

ZUM AUFBAUEN von Regalen und Schränken besorg dir vor dem Umzug Spannungsprüfer, Metermaß, Bohrmaschine, Akku-Schrauber, Zange, Hammer, Nägel, Schrauben und Dübel, Spachtelmasse und Spachtel. Und jemanden, der sich damit auskennt.

FÜR DIE ARBEITSMORAL kannst du kleine Snacks vorbereiten oder irgendwann Pizza bestellen. Ebenso Wasser, Saft, Cola sowie Stift und Kreppband zum Beschriften von

Flaschen oder Gläsern und Bechern, so dass jeder seinen Becher, seine Flasche wieder findet (das kennt ihr doch noch von Kindergeburtstagen). Und für später Bier und so.

+ + + + + + LIFE HACK + + + + + +

BAUANLEITUNG PARAT

Bei Möbeln zum Selberzusammenbauen, z. B. jene aus einem schwedischen Möbelhaus, klebe ich auf die Rückseite immer die Bauanleitung. Wenn man mal umzieht oder die Möbel verschenkt, freut man sich besonders über die Teileliste.

+ + +

MATRATZE UMZIEHEN

Ihr müsst umziehen, habt aber für die Matratze keinen Platz im Auto, weil sie einfach zu lang ist? Wenn eure Matratze keine Metallfedern besitzt, geht es wunderbar, wenn ihr sie zusammenrollt und mit zwei Gummispanngurten (die mit den Haken) je einmal umwickelt. Eine solche Rolle passt selbst aufs Fahrrad.

+ + + + + + + + + + + + + + + +

Liebe Muttis,

und ich sag noch, nicht alles auf einmal! Aber nichts kommt gegen das Ego meines besten Kumpels an, das auch bei minus fünf Grad, Altbau, vierter Stock, ohne Aufzug vor Kraft strotzen will. Dann ein Schrei, ein Poltern – Hexenschuss und Gehäuseschaden. Ersteres ging auf Krankenschein, doch mein nagelneues superschönes Notebook hat 'ne dicke Beule. Wer muss das zahlen?

Wenn Freunde beim Umzug oder bei der Renovierung helfen, spart man sich eine Menge Geld. Und wenn eine solche Unterstützung auf Gegenseitigkeit beruht, kann das eine wirklich hilfreiche Sache sein. In einem Punkt kann der Spaß aber schnell aufhören: Kommen Geschirr oder wertvolle Möbel zu Schaden, die über den üblichen Kollateralschaden bei einem Umzug hinausgehen, kann die Frage, wer nun dafür haftet, Verursacher oder Besitzer, auf die Stimmung schlagen. Gerichte gehen davon aus, dass »stillschweigend ein Haftungsausschluss für Schäden aufgrund leichter Fahrlässigkeit« vereinbart wurde. Gemeint ist damit nichts anderes, als dass, wer Freunde, Nachbarn oder Bekannte um Hilfe bittet, auch für deren Missgeschicke aufkommen muss. Das Prinzip rettet die Nachbarschaftshilfe: Kaum einer würde freiwillig und honorarfrei anpacken, wenn er damit rechnen müsste, jeden Schaden aus eigener Tasche bezahlen zu müssen. Ausnahmen gibt es, und zwar wenn ein Schaden durch Vorsatz oder grobe Fahrlässigkeit verursacht wurde. Wirft der Freund, z. B. vor Wut und in voller Absicht, die kostbare Vase an die Wand, dann ist er juristisch gesehen für den Schaden verantwortlich.

Da die Gerichte also die Umzugshelfer für beschädigte Umzugsgüter nicht haften ließen, wiesen auch deren Haftpflichtversicherungen lange Zeit die Einstandspflicht für solche Schäden von sich. Weil viele Verbraucher jedoch nicht nachvollziehen konnten, dass die Haftpflichtversicherer Umzugsschäden nicht übernahmen, haben einige Assekuranzen mittlerweile den Haftungsschutz von sich aus auf Gefälligkeitsschäden ausgeweitet.

Andere bieten Zusatzbausteine für solche Fälle an. Gegen geringen Aufpreis können sich helfende Hände absichern und so Streit vermeiden. Jeder, der eine Haftpflichtpolice besitzt, tut deshalb gut daran, vor seinem Einsatz als Umzugshelfer seine Versicherungsbedingungen zu überprüfen. Wer als Freund beim Umzug hilft und ganz sichergehen will, lässt sich schriftlich bestätigen, dass er bei Schäden durch leichte Fahrlässigkeit von der Haftung freigestellt wird. ⇐

DIE ERSTE NACHT

Dinge, die man gerne beim Umziehen in eine bis dato leere Wohnung vergisst oder die »irgendwo« in schwer zugänglichen Kisten liegen:

- Abfallsäcke, Eimer und Wischtuch, Schaufel und Besen, Reinigungsmittel, Küchenrolle
- Taschenlampe
- Bettlaken, Bettdecke und Kissen oder Schlafsack
- Zahnpasta, Zahnbürste, Handtuch, Toilettenpapier
- Wasser, Kaffee, Tee oder Milch
- Papier und Stift, um die nächsten Schritte zu planen

Anmelden & Ummelden

Anmelden in der neuen Stadt muss man sich bis spätestens zwei Wochen nach Einzug.

Mitzubringen sind im Normalfall:
- Personalausweis
- Vermieterbescheinigung (muss vom Vermieter ausgefüllt werden)
- Anmeldeformular der Gemeindeverwaltung (wird meist vor Ort ausgefüllt)

Ein Nachsendeantrag kann bei der Deutschen Post beantragt werden. Dieser kostet allerdings etwas. Dafür wird einem jeder Brief nachgeschickt.

Wer braucht deine neue Adresse:
- Alle Menschen, die dir wichtig sind, und
- Arbeitgeber/die Uni
- Bafög-Amt
- Bank/Sparkasse
- Kfz-Zulassungsstelle
- Sozialamt
- Finanzamt
- Versicherungen
- Handyanbieter
- Online-Versandhäuser

FRAG MUTTI
TOP-TIPP

Rechtzeitig, am besten vor dem Umzug in eine neue Wohnung, solltest du einen Telefon- und Internetanschluss beantragen. Im Internet kannst du auf den Websites der Provider (Internet-Anbieter) die Verfügbarkeit für deine Wohnung prüfen lassen. In vielen Fällen bekommt man vom Provider (z. B. Unity-Media, Telekom, 1und1, Vodafone oder O2) einen Router mit WLAN-Funktion gestellt.

Für den Anbieter sind die Mieter selbst zuständig. Für die Zuleitung und die Verteilung in die einzelnen Wohnungen sind im Normalfall die Vermieter verantwortlich.

RUNDFUNKBEITRAG – NUR EINMAL FÄLLIG

Heutzutage wird pro Haushalt lediglich ein pauschaler Rundfunkbeitrag fällig. Wie viele Smartphones, Radios, Fernseher oder Computer sich tatsächlich im Haushalt befinden, ist also irrelevant. Damit muss der Rundfunkbeitrag in einer WG insgesamt nur einmal gezahlt werden. Voraussetzung ist allerdings, dass ein volljähriges WG-Mitglied beim Beitragsservice von ARD, ZDF und Deutschlandradio angemeldet ist und den Rundfunkbeitrag zahlt. Welcher WG-Bewohner das ist, müssen die WGler selbst entscheiden. Seine Mitbewohner können sich dann beim Beitragsservice von ARD, ZDF und Deutschlandradio abmelden.

+ + + + + + + + + + + + + + +

WLAN-NAMEN FÜR DAS WG-INTERNET, DIE ES TATSÄCHLICH GIBT

Wlanmayer-Landruth

RouterGottWirDankenDir

Schantall Tu Mal Wlan Anmachen

Deine Mutter ist ein Hotspot

Schokolade gegen Passwort

Ich_hasse_Sandburgen

Mama hier klicken für Internet

Alice in Wland

Wir haben kein Wlan

Martin Router King

Winternet ist coming

The promised LAN

Verkaufe Hanf auch große Mengen

WGmännlichsinglesuchen

Draußen nur Kännchen

One.does.not.simply.steal.our.wlan

Penisneid in Nordkuweit

Pudelverein West

Besucht uns aber bringt Kuchen mit

Und der Klassiker: pretty fly for a wifi

Das WG-Zimmer aufhübschen

Gestern bin ich eingezogen, heute stelle ich fest, dass Streichen und Hämmern und Bohren wesentlich einfacher gewesen wäre, solange mein Zimmer noch nicht komplett voller Umzugskartons stand. Habe vorhin schon mit einer einzigen fließenden Umdreh-Bewegung eine Topfpflanze und eine Stehleuchte umgeschmissen, die irgendwer einfach auf einen Kartonstapel oben drauf gestellt hatte. Egal, um die Blumenerde kann ich mich später kümmern. Habe seit fünf Minuten ein viel größeres Problem: Weil ich meine Regalbretter schön über die Zimmerwand hin zu Chrissis Zimmer verteilen wollte, habe ich eben hier und da gebohrt. Leider habe ich nicht auf das leise warnende Stimmchen in mir gehört, als sich an einer Stelle das Summen des Bohrers irgendwie anders angehört hat als bisher. Um es kurz zu machen: Weiß jetzt, dass die Zimmerwände bessere Pappe sind und dazwischen hier und da ein Hohlraum. Hoffe, Chrissi hat, wenn sie nachher heimkommt, kein Problem damit, dass wir ab sofort ein nicht unbedingt kleines Guckloch von meinem Zimmer in ihr Zimmer haben.

ZU TIEFES BOHREN VERHINDERN

Damit du dich beim Bohren nicht verschätzt und die Löcher zu tief bohrst, wickelst du einfach farbiges Klebeband an der Stelle um den Bohrer, bis wohin er eindringen soll. Das ist besonders zu empfehlen, wenn du mehrere gleich tiefe Löcher bohren willst.

KEIN STAUB MEHR BEIM BOHREN

Den Staubsauger beim Bohren unter das Bohrloch halten ist zwar auch eine gute Idee, ich habe aber einen noch besseren Tipp, vor allem, wenn du allein bist: Um beim Bohren beide Hände frei zu haben, klebe ich eine Kaffeefiltertüte unter das Bohrloch. Kein Staub mehr auf Wand und Boden.

BOHRER VERRUTSCHT NICHT

Damit der Bohrer auf glatten Flächen nicht wegrutscht (z. B. Fliesen), vorher etwas Pflaster auf die Stelle kleben, wo gebohrt werden soll.

HERAUSBRECHENDE DÜBEL WIEDER BEFESTIGEN

Wenn stark belastete Dübel (z. B. für Handtuchhalter) aus dem Putz herausbrechen, das Loch mit Blitzzement (aus dem Baumarkt, wird mit Wasser angemischt) gut füllen, fest

eindrücken. Nach kurzer Trockenzeit kann ein neues Dübel-
loch gebohrt werden, und der Dübel hält viel besser als im
bröseligen Putz.

NAGEL IN DIE WAND EINSCHLAGEN
Für Grobmotoriker: Beim Nagel in die Wand schlagen grob-
zinkigen Kamm nehmen, den Nagel zwischen die Zinken
klemmen. In der einen Hand den Kamm halten und mit der
andern loshämmern. Verletzungsgefahr bei dieser Methode
gleich null.

BLAUE DAUMENNÄGEL VERHINDERN
Einfach die Hand umdrehen! Also Handfläche zum Heimwerker, den Nagel zwischen Zeige- und Mittelfingerspitze
festhalten. Vorteil: Der Nagel ist leichter senkrecht zu halten
und wenn ein Schlag mal nicht genau trifft, ist der Daumen-
nagel nicht gleich blau.

BILD GERADE HÄNGEN
Wer keine Wasserwaage hat, beim Anblick seiner Fotowand
aber keinen Schwindelanfall bekommen möchte, legt einfach eine Murmel (die Mauskugel tut es auch) oben auf den
Bilderrahmen. Sobald die Kugel nicht mehr runterrollt,
hängt das Bild gerade.

Werkzeugkasten-Grundausstattung

Selbst ist der WGler! Ob es sich um kleinere Reparaturen handelt oder du ein Bild oder ein Regal zusammenbauen willst, mach es zu deinem Ding. Das geeignete Handwerkszeug sollte dabei zur Hand sein. Wer keine großen Heimwerker-Ambitionen hat, dem genügt meist diese solide Grundausstattung, die da wäre:

SCHRAUBENDREHER Mindestens zwei Schraubendreher sollten da sein: ein Schlitz- und ein Kreuzschlitzdreher. Empfehlenswert ist es, jeweils einen großen, einen mittleren und einen kleinen zu haben, wer auf Nummer Sicher gehen will, kauft sich einen ganzen Satz. Unentbehrlich für Arbeiten an stromführenden Geräten ist ein Phasen- oder Spannungsprüfer. Das sind diese kleinen isolierten Schraubendreher, mit denen man prüfen kann, ob eine Leitung unter Strom steht. Die Isolierung gibt dabei beim Schraubendrehen zusätzlichen Schutz. (Bitte: Nie unisoliert an Steckdosen rumschrauben und immer vorher die Sicherung rausmachen. Aber am besten: Elektriker holen!)

SCHRAUBENSCHLÜSSEL braucht man zum Lösen von Muttern und Schrauben. Es gibt sie offen als Maul- oder Gabelschlüssel, geschlossen als Ringschlüssel und praktischerweise kombiniert als Maul-Ring-Schlüssel. Von diesen sollte man einen ganzen Satz mit Weiten zwischen sechs und 32 mm vorrätig haben.

Ein Satz Inbusschlüssel kostet nicht viel und wird immer mehr gebraucht, auch von Nicht-Ikea-Fans.

HAMMER UND SÄGE Kleine bis mittlere Größe, die Säge am besten als Handbügelsäge. Eine Metallsäge wird eher weniger gebraucht, aber wer auf Nummer Sicher gehen will, hat auch diese parat.

ZANGEN Profis empfehlen die Anschaffung einer Kneifzange, mit der sich beispielsweise Nägel herausziehen lassen und einer Flachzange zum Greifen und Halten von Gegenständen. Diese beiden kann man durch eine gute Kombizange ergänzen (für überhaupt nicht ambitionierte Heimwerker auch ersetzen), die zudem noch als Seitenschneider eingesetzt werden kann. Perfekt zum Greifen, Halten und Abisolieren von Drähten. Wer ab und an mal den Siphon des Waschbeckens reinigen will oder muss, braucht außerdem eine Rohrzange.

WASSERWAAGE UND ZOLLSTOCK Genauigkeit ist das Maß aller Dinge beim Handwerkern, deshalb ist eine kleine Wasserwaage Pflicht. Ebenso wie der Zollstock, der am besten aus Holz besteht, da sich die Metallbänder mit der Zeit verziehen können und keine exakten Ergebnisse mehr liefern.

DAS ABSOLUTE MUSS: EINE BOHRMASCHINE Sie sollte ein Schlagwerk für härtere Aufgaben und vor allem einen Rechts-/Links-Lauf besitzen. Damit kann man dann nämlich auch Schrauben rein und raus drehen. Zur Bohrmaschine gehört je ein Satz Stein- und Metallbohrer. Wer sich bohren nicht zutraut, sollte zumindest einen guten Akku-Schrauber mit Lithium-Ionen-Akku (10,8 Volt) haben.

WAS SONST NOCH IN DIE WERKZEUGKISTE KANN Mit einem weichen Bleistift markiert man schnell und schonend entscheidende Punkte. Handwerkerbleistifte sind schön groß und einfach festzuhalten. Eine Wäscheklammer oder ein Kamm als Nagelhalter schützt die Finger beim Einschlagen. Mit einem Teppichmesser kann man schnell und gut etwas schneiden. Ein Magnet an einer Schnur sammelt heruntergefallene Nägel und Schrauben schnell und einfach wieder ein.

 Wir waren uns eigentlich einig: Eine Wand in der Küche soll Blockstreifen haben. In warmen Schokotönen, wie Chrissi sagte. Klang ja ganz gut, aber inzwischen frage ich mich, was eigentlich das Problem mit Alpinaweiß gewesen wäre. Allein bis wir diese Streifen alle abgeklebt hatten. Vor allem Paul mit seiner ewigen Wasserwaage hat uns dabei mehr aufgehalten als vorangebracht. Und jetzt mussten wir feststellen, dass leider Schokoton 1 in Schokoton 2 dank Raupputztapete auch durch die Klebestreifen hindurch ganz tolle tropfenförmige Spuren hinterlässt. Das Ganze sieht aus, als hätte die örtliche Kindergruppe so etwas Ähnliches wie eine Streifenwand machen wollen, hätte dabei aber nicht allzu viel Wert aufs Detail gelegt. Chrissi lacht die ganze Zeit, wenn sie die Wand anguckt. Freddy ist es egal. Ich find's nicht schön, kann aber damit leben – vor allem wenn wir einfach das Küchenregal vor die Wand stellen. Und Paul will selbst in diesem Fall alles noch mal streichen.

Streichen

WAS BRAUCHE ICH?

Farbe, Pinsel, Farbroller, Abstreifgitter, Spachtel, Kreppband und Abdeckfolie, Leiter, altes Tuch oder Küchenrolle

SO GEHT'S:

1. Alle Böden abdecken. Dabei nicht zu dünne Folie verwenden und diese am Rand festkleben, damit sie beim Streichen nicht verrutscht. Alle Fenster- und Türrahmen vorher gründlich mit Malerkrepp abkleben. Lampen- und Steckdosengehäuse am besten gleich ganz abnehmen.

2. Vor dem Streichen muss die Wand sauber, staubfrei und trocken sein. Dübellöcher vom Vormieter und Risse kannst du mit Spachtel- oder Fugenmasse (Baumarkt, die gibt es auch schon fertig in der Tube) ausbessern und glatt streichen. Wenn die Wand aus stark saugendem Material besteht, wie z. B. Gips, solltest du vor dem Auftragen der Farbe mit Tiefengrund (Baumarkt) grundieren.

3. Zieh dir alte Klamotten an oder kauf dir einen Einweg-Overall (Baummarkt), beim Deckenstreichen auch an die Kopfbedeckung denken.

4. Wenn nötig: zuerst die Decke streichen, dann die Wände. Beim Deckenstreichen steckst du die Rolle auf einen Besenstil und ersparst dir so mühseliges Über-Kopf-Arbeiten.

5. Jetzt geht's an die Wände: zuerst Kanten und Ecken streichen. Am besten mit kleiner Rolle. Pinsel nur dort verwenden, wo du mit der Rolle nicht hinkommst. Pinselgestrichenes sieht nämlich anders aus als das, was mit der Rolle gestrichen wurde. Ganz wichtig: Immer nur ein Stück vorstreichen, damit das Vorgestrichene nicht trocknet bis du weiterstreichst, sonst sieht man den Ansatz.

6. Beim Streichen der Wand die Farbrolle nie ganz in den Eimer tunken, sondern etwa nur bis zur Hälfte eintauchen, und dann übers Abstreifgitter rollen. Die Rolle darf aber auch nie ganz ohne Farbe sein, sonst nimmt sie Farbe von der Wand wieder auf.

7. Streiche die Wände erst in Längsrichtung, dann quer und abschließend noch einmal in Längsrichtung mit gerader Überlappung. So wird die Farbe gleichmäßig verteilt.

8. Wenn du eine Pause machst oder ein weiterer Anstrich notwendig ist: Pinsel und Rollen müssen nicht immer gleich ausgewaschen werden. Einfach in Frischhalte- oder Alufolie einwickeln, dann kannst du, wenn der erste Anstrich trocken ist oder du vom Kaffee zurück- bist, weitermachen.

9. Wenn du fertig mit dem Streichen bist, Pinsel und Farb- rollen gründlich mit warmem Wasser auswaschen.

Beim STREICHEN VON STREIFEN nur hochwertiges Klebe- bzw. Kreppband benutzen. Aber auch das beste Band liegt nie komplett auf der Wand auf, so dass beim Streichen keine geraden Kanten entstehen können. Je strukturierter die Oberfläche ist, z. B. bei Raufaser, desto unsauberer wird es.

Um ein makelloses Ergebnis zu erzielen, streiche die Wand innerhalb der mit Kreppband markierten Bereiche zuerst noch einmal mit dem Grundton der Wand. Streiche dabei entlang und auch über das Kreppband. Die Grundfarbe füllt so alle vorhandenen kleinen Löcher unterhalb des Krepp- bandes auf, sodass die Streifenfarbe später nicht in diese hin- einlaufen kann. Lass das Ganze gut trocknen und beginne dann, die gewünschte Streifenfarbe aufzutragen. Bist du da- mit fertig, Kreppband abziehen, bevor die Farbe einen Film bilden kann – damit die Farbe beim Abziehen nicht ausfranst.

+ + + + + +  + + + + + +

STREICHEN OHNE ABKLEBEN

Ich nehme ein rechteckiges Stück Karton und halte es in den Ecken (wenn die Wände unterschiedlich farbig gestrichen werden sollen) und an der Decke als Schutz mit der einen Hand an die Kante der zu streichenden Wand. Mit der an- deren streiche ich. So werden die Kanten sauber, und du er- sparst dir das nervige Abkleben.

MIT ALUFOLIE ABKLEBEN

Heizungsrohre oder andere komplizierte Dinge, die beim Streichen umständlich abgeklebt werden müssen, lassen sich prima mit Alufolie vor Farbe schützen.

+ + + + + + + + + + + + + + + + +

Liebe Muttis,
klarer Fall von Streichen rückwärts:
Die erste Wand ging prima, dann mit
Schwung an die Außenwand und auf
einmal klebte der ganze Wandputz an
meiner Farbrolle. Hilfe!

Leg die Rolle zurück in den Farbeimer und behandle die Wand wie folgt:

1. Entferne alle losen Putzstellen an der betroffenen Wand. Wenn du dir nicht sicher bist, ob der Putz an einer Stelle locker ist, kannst du durch leichtes Klopfen mit der Rückseite eines Spachtels am dumpfen Klang erkennen, ob er noch an der Wand haftet oder nicht.

2. Hast du allen losen Putz entfernt, reinige die offenen Stellen mit einem Handfeger oder einem Tuch, bis sie staubfrei sind.

3. Nun feuchte die betreffenden Stellen an, um eine gute

Haftung des neuen Putzes zu erzielen. Bei größeren Flächen empfiehlt es sich, eine Haftgrundierung zu verwenden.

4. Nun den Putzmörtel (Baumarkt) anrühren und von der Mitte zum Rand hin auftragen, bis die Fläche gut verschlossen ist. Durch diese Technik erzielst du eine bessere Flankenhaftung im Randbereich und verhinderst die Entstehung von Luftlöchern. Wenn die Fläche deckend voll ist, kannst du den überschüssigen Mörtel mit einem Spachtel oder einem Holzstück putzbündig abziehen.

5. Mit dem Glätten und Ebnen der Oberfläche sollte man erst anfangen, wenn der Mörtel nicht mehr an den Fingerspitzen kleben bleibt. Die Randbereiche kannst du dabei mit einem nassen Schwamm vorsichtig einreiben, bis kein spürbarer Übergang zum alten Putz mehr vorhanden ist. Auch das wieder gut trocknen lassen und dann weiterstreichen. ⇐

+ + + + + + LiFE 💡 HACK + + + + + +

WISCHTECHNIK

Wände lassen sich mit Wischtechnik einfacher streichen, wenn die Farbe mit angerührtem Tapetenkleister verdünnt wird. Dazu einen Putzeimer mit Kleister nach Vorgabe des Herstellers anrühren und der Wandfarbe beimischen. Dann die Farbe mit einer Kleisterbürste auf die Wand streichen und mit einem Wisch-Handschuh kreuz und quer verwischen. So bekommt die Wand auch einen leichten Glanz.

+ + + + + + + + + + + + + + + + +

Leuchte anschließen

Du brauchst einen Phasen- oder Spannungsprüfer (siehe Seite 73), eine Lüsterklemme (bei neuen Leuchten ist sie meist schon dran) und ein Messer. Aber Vorsicht: Wenn du nicht weißt, was ein Spannungsprüfer ist, geschweige denn, wie man ihn einsetzt, Finger weg! Und frage jemanden, der sich mit Elektrik auskennt.

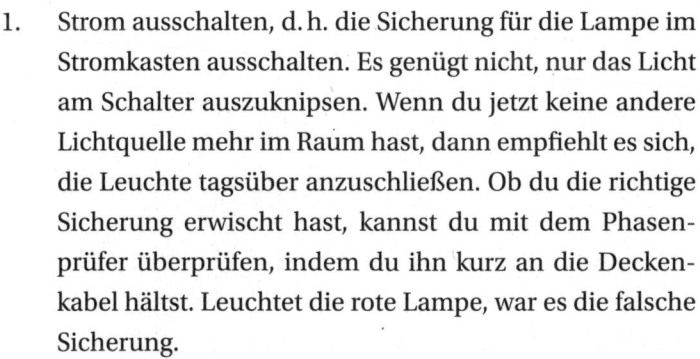

1. Strom ausschalten, d. h. die Sicherung für die Lampe im Stromkasten ausschalten. Es genügt nicht, nur das Licht am Schalter auszuknipsen. Wenn du jetzt keine andere Lichtquelle mehr im Raum hast, dann empfiehlt es sich, die Leuchte tagsüber anzuschließen. Ob du die richtige Sicherung erwischt hast, kannst du mit dem Phasenprüfer überprüfen, indem du ihn kurz an die Deckenkabel hältst. Leuchtet die rote Lampe, war es die falsche Sicherung.

2. In der Regel erfolgt der Lampenanschluss an die aus der Wand oder Decke ragenden Leitungen mit Hilfe

von Lüsterklemmen. Aus der Decke hängen meistens drei Kabel, manchmal auch nur zwei. Der Schutzleiter, auch Erdung genannt, trägt das Kürzel PE und ist meist gelb-grün, eher selten rot. Gerade wenn die Lampe aus Metall besteht, sorgt dieses Kabel für Sicherheit. Der Außenleiter, auch Phase genannt, trägt das Kürzel L und ist entweder braun oder schwarz ummantelt. Dieses Kabel liefert den Strom. Der Nullleiter wird mit N abgekürzt und ist meist hellblau, in älteren Gebäuden auch noch grau.

3. Sind an der Lampe noch keine Lüsterklemmen montiert, sollte das vor der eigentlichen Montage geschehen. Dazu löst du die Schrauben der Klemme so weit, bis die Leitung ohne Mühe hineinpasst. Den Kabelmantel (wenn vorhanden) mit Messer vorsichtig einschneiden und abmanteln. Zieh die Schrauben der Lüsterklemme wieder an und verstecke das Kabel unter der Abdeckung.

4. Jetzt musst du die Kabel der Leuchte, die in der Lüsterklemme stecken, mit den Kabeln an der Decke verbinden. Auch diese musst du zuerst mit einem Messer auf eine Länge von ca. zwei Zentimeter abmanteln. Hier gilt Farbe zu Farbe, also blau zu blau, schwarz zu schwarz und so weiter. Schließe zuerst den Schutzleiter an, dann den Nullleiter und als letztes den Außenleiter. Ragen aus der Decke nur zwei Kabel heraus, handelt es sich dabei um den Null- und Außenleiter. Da der Schutzleiter fehlt, verbindest du

den Schutzleiter der Lampe mit dem Null-Leiter aus der Decke. Ist die Lampe bereits schutzisoliert, steckst du den Schutzleiter alleine in die Lüsterklemme.

5. Strom wieder anschalten und Licht anknipsen.
6. Wenn es dunkel bleibt oder du dir nicht sicher bist, immer den Fachmann holen!

+ + + + + +  + + + + + +

KLEBETECHNIK: KÜCHE WIE NEU

Unsere Küche war das reinste Gruselkabinett aus den Achtzigern: Einbauschränke in beigem Kunststoff, Arbeitsplatte in Eiche-Optik, vor hellbraunen Keramikfließen auf verdrecktem gelbem Linoleum. Ausgehend vom Boden, dessen Gelb uns nach gründlicher Reinigung eigentlich ganz gut gefiel, haben wir im selben Ton nur viel kräftiger in der Farbe die Schrankflächen und die Arbeitsfläche mit gelber Folie beklebt. Die Tür- und Schubladengriffe (Holz) haben wir schwarz gestrichen, ebenso den ganzen Fliesenspiegel. Sieht jetzt aus wie aus einem Möbelprospekt!

MOSAIK-TISCHPLATTE

Habe mich immer über unseren Küchentisch mit heller Holzplatte geärgert. Er hatte Kratzer und kleine Macken und war optisch ein ziemlicher Langweiler. Dann habe ich mir Fliesenkleber, Fugenbunt und Mosaiksteine in allen Farben (gibt es alles im Baumarkt) besorgt und alle Staffeln von »Orange Is the New Black«. Drei Abende bis tief in die Nacht, und Gaudí ist in unsere WG gezogen.

STAURAUM

Wir haben kaum Stauplatz, deshalb haben wir über der Küchentür (Altbau, hohe Decke) ein etwas tieferes Regal gehängt. Dort »wohnen« jetzt Chrissis Kochbücher und Larissas Wanderschuhe. Und weil weder Chrissi oft daraus kocht, noch Larissa je wandern geht, müssen wir da nur selten ran.

GÜNSTIGE MÖBEL

Niemand braucht viel Geld für Möbel auszugeben. Auf eBay-Kleinanzeigen könnt ihr nachschauen, was es so in eurer Nähe für Angebote gibt. Vieles ist total günstig, in vielen Fällen für Selbstabholer auch umsonst. Da lohnt es sich manchmal sogar einen kleinen Lieferwagen für einen halben Tag zu mieten. Wir haben unser komplettes WG-Wohnzimmer auf diese Weise ausgestattet.

MÖBEL SELBSTBAUEN

Ich hasse fertige Möbel. Deshalb hängen meine Klamotten an einem Kleiderständer aus Heizungsrohren, mein Bett ist eine Euro-Palette und meine Regale bestehen aus lauter

Weinkisten. Es gibt 1000 Ideen Möbel einfach selbst zu bauen.

+ + +

QUIETSCHENDE TÜREN

Damit die Türen endlich mal Ruhe geben, einfach Scharniere mit Haarspray besprühen. Öl oder Margarine gehen auch. Dazu einen großen Schraubenzieher mit der Klinge voran an der Scharnierseite unter die Tür schieben. Nun einen Weinkorken unter den Schraubenzieher ganz nah an die Tür drücken und mit dem Fuß auf dem Griff des Schraubenziehers die Tür nach oben heben. Jetzt kannst du bequem die Scharniere besprühen oder bestreichen.

+ + + + + + + + + + + + + + + + + +

Liebe Muttis,
ich werde in Kürze ein tolles Zimmer in einer WG beziehen. Da es ein Altbau ist, haben alle Zimmer eine Verbindungstür, in meinem Zimmer ist das sogar eine riesige wunderschöne Flügeltür. Leider hat sie den Nachteil, dass sie nicht sonderlich schalldicht ist. Ein anderer WG-Bewohner hat den Türrahmen genutzt, um ein Regal einzubauen. Das würde ich auch gerne machen, aber es stört mich beim Arbeiten, wenn ich Musik und Reden von drüben gut hören kann, auch wenn man nicht jedes Wort versteht. Meine Frage wäre nun, gibt es irgendwas, mit dem ich die

85

Geräusche abdämmen kann, würden z. B. eine oder zwei
Lagen Filz etwas helfen? Oder Styropor?

Materialien wie Styropor, Eierkartons, Akkustikschaumstoff, Filz, Kork, Teppich etc. helfen den Klang im Raum einzudämmen, damit es nicht hallt. Diese Materialien verteilen die verschiedenen Schallwellen im Raum besser oder reflektieren sie gar nicht erst. Sie verhindern aber leider nicht, dass der Schall durchdringt. Ein oder besser zwei Lagen Gipskarton in den Türrahmen, am besten noch mit Mineralwolle dazwischen und an den Rändern gut abgedichtet, sollten am besten gegen »normalen« Krach vom Nachbarn helfen. Ansonsten, wenn's mal sehr laut wird: Oropax! ⟵

 Unsere Wände sind aus Papier. Mindestens. Wahrscheinlich aus diesem handgeschöpften Faserpapier, das auch noch so halb durchsichtig ist. Zumindest fühlt es sich so an, was das Geräuschehören angeht. Ich habe das Pech, mit Chrissi eine Wand zu teilen, und Chrissi tut alles, was sie macht, laut: niesen, lachen, seufzen. Atmen. Zudem telefoniert sie gerne und zwar am liebsten nachts oder wenn ich lernen muss oder wenn es einfach generell nicht passt. Und dabei höre ich wirklich jedes Wort, als ob ich danebenstünde. Eigentlich wäre es mir lieber, sie würde über Lautsprecher telefonieren, weil ich dann wenigstens auch das hören könnte, was ihr Gesprächs-

partner sagt. Es ist nämlich auf Dauer ziemlich unbefriedigend, immer nur eine Seite des Gespräch mitzubekommen. Ich wüsste zum Beispiel durchaus gerne, was die Meinung ihrer Freundin dazu ist, dass Chrissi ständig mit ihrem Exfreund schreibt. Aber das kann ich leider nicht verstehen, weil Chrissi ihre Antworten maximal mit »Jaja, da hast du schon recht, aber …« kommentiert, und dann kommt erst mal wieder eine Viertelstunde Chrissis Meinung. Bin kurz davor, rüberzugehen und ihr zu sagen, dass ich persönlich ja nichts davon halte, weil, wie sie selbst am Montag vor zwei Wochen um 0.17 Uhr festgestellt hat, das Geben-Nehmen-Verhältnis meistens auf Chrissis Seite ungünstig war. Aber mich fragt ja niemand, ich bekomme es ja nur erzählt. Also: Quasi.

WG-Pflanzen

Grünpflanzen sorgen für Harmonie. Und das ist ja nicht ganz so verkehrt in einer WG. Stellen sie sich aber als bewurzeltes Tamagotchi heraus, das dauernd etwas will – Wasser, Dünger, Licht – kann sich das Blatt bald wenden, und ihre Versorgung zum Stressfaktor werden. Hier präsentieren wir einige grüne Mitbewohner, die sind, wie alle sein sollten: pflegeleicht, bescheiden und immer nett anzuschauen:

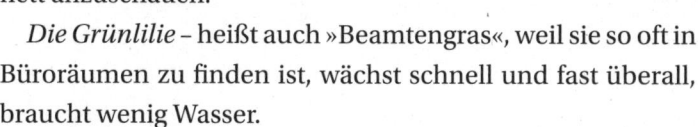

Die Grünlilie – heißt auch »Beamtengras«, weil sie so oft in Büroräumen zu finden ist, wächst schnell und fast überall, braucht wenig Wasser.

Der Bogenhanf – »Retro-Pflanze« aus den 1960er-Jahren, sehr pflegeleicht, gedeiht auch unter Pflanzenhassern, nur nicht bei Kältefreaks, Temperaturen unter zwölf Grad machen ihr den Garaus.

Der Elefantenfuß – Vergessen zu gießen? Kein Problem, denn Wasser speichert der Elefantenfuß im Stamm, um davon in den Semesterferien zu zehren. Temperaturunsensibel, und wenn man die langen Blätter regelmäßig mit Wasser besprüht, bleibt er auch schön grün. Aber: Er hat es gern sonnig und benötigt deshalb ausreichend Licht.

Der Drachenbaum – Braucht zur Entfaltung hohe lichte Altbauräume ohne direkte Sonne, mag keine Zugluft und wenig, aber regelmäßiges Wässern und Besprühen sowie Düngen.

Die Yucca-Palme – der WG-Klassiker, sehr hartnäckig im Überleben. Will man mehr als nur ein Blatt am langen dünnen verholzten Stamm, dann viel Sonne, viel Gießen und auch mal düngen.

Der Gummibaum – das Relikt aus Wirtschaftswundertagen braucht wenig Wasser, aber regelmäßiges Besprühen der großen grünen Blätter, die bei Oma und Opa auch noch abgestaubt wurden.

Die Mimose – von wegen empfindlich, heller ruhiger Standort, manchmal Wasser, ein WG-Vorbild an Genügsamkeit.

WIE HALTET IHR EURE
WG AM BESTEN SAUBER?

Liebe Muttis,
nur in WGs ab vier Leuten oder ausschließlich,
wenn sich die einzelnen Mitbewohner auf
vollkommen unterschiedlichen Ordnungslevels
bewegen – wann ist ein Putzplan sinnvoll?

Immer, in jeder WG!

Allerdings gibt es keinen Masterplan. Ein Putzplan sollte möglichst realistisch auf die Ansprüche (polierte Gläser?) und die Gegebenheiten (Spülmaschine?) eurer WG und die Talente der Bewohner zugeschnitten sein. Bei bestehenden WGs hat man sich wahrscheinlich schon auf ein bestimmtes Sauberkeitslevel zurechtgelebt, das, wenn neue Bewohner hinzukommen, so konkret wie möglich kommuniziert werden sollte. Am besten schon beim Casting. Als Bewerber kann man relativ schnell erkennen, ob es sich eher um eine flowige Wohlfühloase handelt – wenn die Pfefferminze im Glas vor der mit einem sinnstiftenden Wandtattoo versehenen Wand ruhig vor sich hinzieht – oder um eine in Reinigungsdingen eher bedarfsoptimierte Hausgemeinschaft – wenn bei der Vorstellungsrunde schnell mal der Becher für den Kaffee (sorry, Milch ist leer) vom Geschirr-Stapel in der Spüle gefischt wird. Als WGler siehst du der oder dem Neuen aber leider nicht gleich an, welchen Lebensstil sie oder er pflegt.

Aber egal, wie viel Energie ihr in den gemeinsamen Haushalt legt, ihr solltet es möglichst gleichberechtigt tun. Um das zu steuern, gibt es Putzpläne in diverser Ausgestaltung. Hier die gängigsten Modelle, bei denen wir vielleicht am einfachsten davon ausgehen, dass am liebsten keiner irgendetwas im Haushalt machen möchte.

Der Wochenplan – die Aufgaben werden bestimmten Tagen und Bewohnern zugeteilt, das wechselt in festgelegten Abständen. Bewertung: wenig spektakulär, aber sehr übersichtlich und schwer zu manipulieren.

Die Putzuhr: kreisförmig mit Zeiger (der Phantasie bei der Gestaltung sind keine Grenzen gesetzt, aber Vorsicht: Basteln ist noch nicht Putzen!). Die Uhr wird in so viele Teile wie Aufgabenbereiche unterteilt (Bad, Küche, Müll oder staubsaugen, spülen, einkaufen etc.). Für jeden Mitbewohner gibt es einen mit Namen versehenen Zeiger, der auf die dem jeweiligen Mitbewohner zukommende Arbeit hinweist. Bewertung: Sieht netter aus als eine schnöde Excel-Tabelle, allerdings können die Zeiger leicht verrutschen.

Punkte sammeln – mal nicht bei den Weight Watchers, sondern beim Müllrausbringen und Fensterputzen. Die Aufgaben werden vorher festgelegt und mit einem bestimmten Punktewert versehen. Jeder Mitbewohner muss am Monatsende eine bestimmte Punktzahl erreichen. Wenn nicht, wird sanktioniert – mit Strafpunkten oder Bußgeldern für die WG-Kasse. Bewertung: Etwas für Spielernaturen, die auch mal ein Pokerface aufsetzen können.

Die Putz-Plan-App gibt's zum Runterladen fürs Handy. Bewertung: Sorry, kein Akku.

Ich habe mich bereiterklärt, den Putzplan aufzustellen. Einer muss es ja machen und Hauptsache ist: Es macht nicht Chrissi. Wir haben länger diskutiert, welches System wir wollen: Ob jeder immer denselben Putzjob hat oder ob wir jede Woche durchwechseln. Haben uns dann dafür entschieden, es als Zeichen des Himmels zu nehmen, dass uns genau vier Jobs einfielen (Saugen, Bad putzen, Küche putzen, Müllrausbringen), und wir vier Leute sind und lieber durchwechseln, weil sonst derjenige, der immer den Müll rausbringt, den ungleich leichteren Job im Vergleich zum Badputzer hat. Das gibt nur böses Blut. Also gibt's ab jetzt eine Tabelle, jede Woche wird durchgetauscht, wird schon klappen. Vorsichtshalber schreibe ich noch eine Legende darunter, was genau unter der jeweiligen Aufgabe zu verstehen ist. Habe nämlich Angst, dass jeder etwas anderes unter Putzen versteht. Freddy verdreht die Augen, als er mir über die Schulter schaut und ich gerade den Unterpunkt »Badezimmerarmaturen mit Mikrofasertuch nachwischen« tippe, aber das ist mir egal. Ich bin zufrieden, und außerdem bin ich rein zufällig für diese erste Woche nur mit Müll rausbringen dran. Irgendeine Belohnung muss es ja fürs Planaufstellen geben.

+ + + + + + LIFE HACK + + + + + +

PUTZPLAN MIT WÄSCHEKLAMMERN
In meiner WG läuft das so: Jeder hat an der Zimmertür ein Brett mit seinem Namen drauf und der Liste mit Hausarbei-

ten (bei uns: Müllrausbringen, Putzen WC, Putzen Bad, Putzen Küche, Putzen Flur). Für jede der aufgelisteten Arbeiten existiert eine Wäscheklammer. Wenn du eine Arbeit erledigt hast, klemmst du die Klammer beim Zimmernachbarn ans Brett (bei uns geht das im Uhrzeigersinn). Der Mitbewohner weiß dann, was er als Nächstes erledigen muss, und du musst die Arbeit erst wieder machen, wenn die Klammer bei dir ist. Vorteil: Jeder weiß, wer gerade mit was dran ist. Wenn der Müll überquillt, weiß jeder, wer der Übeltäter ist!

Weiterer Vorteil: Man kann sich selbst einteilen, wann man putzen will (werktags oder lieber am Wochenende), d. h. man ist flexibler, da ja nicht immer alle Bewohner gleichzeitig Zeit und Lust haben. Je länger man zögert, umso mehr muss man natürlich machen. Man sollte die Arbeit nur nicht zu lange aufschieben, sonst wird's eklig für alle!

Nachteil: Es funktioniert nicht, wenn ein Mitbewohner häufig oder unregelmäßig nicht da ist oder wenn jemand total faul ist und alle Klammern ignoriert.

Weiterer Nachteil: Wenn ein Bewohner eine andere Ekelgrenze hat als alle anderen und die Arbeiten immer sehr lange aufschiebt.

+ + + + + + + + + + + + + + + +

Die fünf besten Putzmittel, die schon Oma kannte

1. WIENER KALK

Wiener Kalk ist ein universales Reinigungs-,
Polier- und Konservierungsmittel für alle
Metalle, für Edelstahl, Emaille, Herdplatten,
Glas, Porzellan und Keramik. Bei Kunststof-
fen und Lacken sollte man aber vorsichtig
sein und erst einmal das Material antesten!

FRAG MUTTI

TOP-TIPP

Wiener Kalk ist reine Natur: gemahlener
Dolomit in solch einer Mahlgröße, dass er Flecken und
Beläge entfernt, aber die Fläche unberührt lässt. Er ist bio-
logisch abbaubar und für Allergiker geeignet. Es gibt ihn in
Pulverform für wenig Geld, und die Anwendung ist denkbar
einfach: etwas Pulver auf ein feuchtes Tuch geben und die
Fläche kreisend reinigen. Mit klarem Wasser nachspülen
und mit einem trockenen, weichen Tuch polieren.

2. WASCHSODA

Für weniger als einen Euro hat man einen Einer-für-alle-
Fleckenentferner im Haus. Waschsoda besteht aus Natrium-
carbonat und bildet mit Wasser eine starke Lauge und damit
einen Fettlöser. Die Anwendung ist ganz einfach: einen Esslöffel Waschsoda in einen Liter warmes Wasser und los
geht's. Entweder mit einem Schwamm auf Flächen auftragen oder in zu reinigende Gefäße gießen. Aber immer hinterher mit klarem Wasser gut abspülen. Handschuhe tragen
und weder Dämpfe noch das Pulver einatmen. Und be-
denken, dass Soda bleichende Wirkung hat.

Waschsoda ist perfekt für Backofen, Backbleche, fettige Flächen (zum Beispiel in der Küche, denkt mal an den Dunstabzug!), Fleckentfernung oder das Bleichen bei weißer Wäsche, die Reinigung von Blumenvasen, Thermos- und Teekannen, fürs Fenster putzen und sogar für die Abflussreinigung. Vorsicht ist bei Holz angesagt.

3. KERNSEIFE

Irgendwie aus der Mode gekommen und als altmodisch verschrien, ändert das dennoch nichts an ihrer Wirksamkeit: Kernseife ist eine spezielle Grundseife, die einen sehr hohen Gehalt an Fettsäuren hat und keinerlei Glyzerin bzw. Fett mehr enthält. Das macht sie zur idealen Fettlöserin, die es sogar mit Kettenfett oder Motoröl aufnimmt. Am besten in kochendem Wasser auflösen und mit der Seifenlösung arbeiten. Eine solche Lauge ist auch böse zu Schädlingen und vertreibt, auf die Blätter gesprüht, Blattläuse oder Thripse. Kernseife hat durch ihren hohen Säuregehalt austrocknende Wirkung, eine Haushaltskernseife sollte daher nur für das Waschen sehr schmutziger Hände benutzt werden.

4. GALLSEIFE

Wie der Name schon sagt, besteht Gallseife aus Kernseife und Rindergalle. Die emulgierenden Salze der Gallensäure verstärken die flecklösende Wirkung – bei Fett-, Stärke-, Blut-, Obst- und Eiweißflecken. Die Gallseife kommt als Stück, man feuchtet den Fleck an und reibt die Seife direkt feste drauf. Dann mit klarem Wasser ausspülen.

5. WASCHBENZIN

Der Hardliner unter Omas Fleckentfernern. Richtig hartnäckige Flecken haben bei Waschbenzin, das auch Testbenzin oder Terpentinersatz genannt wird, keine Chance. Waschbenzin ist ein Verdünnungs- und Lösungsmittel. Fett, Farben, Öl, Filzstift, Rotwein, Schimmel an der Wand, selbst angetrockneter Kaugummi lassen sich mit Waschbenzin entfernen. Und dennoch sollte man das Teufelszeug erst als letzte Wahl einsetzen. Es stinkt, ist gesundheitsschädlich – immer gut lüften! – und auch für die Umwelt nicht gut.

Wem das alles zu exotisch ist, kann auf die supermarktgängigen Putzmittel zurückgreifen. Diese fünf sind absolut ausreichend:
- *Universalreiniger* (fettlösend)
- *Essigreiniger* (kalklösend)
- *Scheuermittel* (gegen starken Schmutz und Verkrustungen)
- *Geschirrspülmittel* (fürs Spülen und zum Säubern glatter Flächen)
- *WC-Reiniger* (im Einsatz mit der Klobürste ungeschlagen)

SCHWÄMME FÜR VERSCHIEDENE EINSATZORTE MARKIEREN

Weil wir irgendwann nicht mehr wussten, welcher Schwamm wofür war, und uns bei der Vorstellung, gerade mit dem WC-Schwamm zu spülen, leicht mulmig wurde, haben wir verschiedenfarbige Schwämme/Putztücher für verschiedene Einsatzorte eingeführt. Doch auch das Farbenmerken war auf die Dauer zu kompliziert, und so haben wir die normalen gelben Schwämme mit Permanentmarkern markiert: Im Bad gab's einen Schwamm für Waschbecken und Dusche und einen fürs Klo. Der WC-Schwamm wurde regelmäßig ausgewechselt, alle anderen ab und zu bei 40 oder 60 Grad mitgewaschen.

PUTZMITTEL ÜBERFLÜSSIG DANK MIKROFASER

Fenster, Glastische, Spiegel, Fliesen – heißes Wasser, Mikrofasertuch und eventuell ein trockenes Tuch zum Nachpolieren, und ihr könnt euch jeden noch so guten Glasreiniger sparen. Auch Fußböden, egal ob Fliesen oder Holz – mit Bodentüchern oder Wischbezügen aus Mikrofaser kann man das tägliche Durchwischen im Handumdrehen erledigen.

Als Spültuch – ins Wasser kommt dann natürlich ein Schuss Geschirrspülmittel – und als Tuch zum Abtrocknen unschlagbar.

+ + + + + + + + + + + + + + + + +

Liebe Muttis,
leider fehlte im Buch »Das Weltwissen der
17-Jährigen« eine Antwort auf die mich seit
meinem Auszug von Zuhause drängendere
Frage: erst staubsaugen, dann die Regale
wischen, oder wie?

Oberste Putzregel: von oben nach unten putzen. Erst wird alles abgestaubt und dann gesaugt. Beim Staubwischen fällt doch das eine oder andere noch hinunter und dann fängst du ja nochmal an zu saugen. Ach ja, und vor dem Putzen empfiehlt sich das Aufräumen, damit der Staubsauger auch den Boden findet. ⇐

TSCHÜSS STAUBFÄNGER

Erinnerungsstücke, wie Mitbringsel aus dem Urlaub, Selbstgemachtes, gerahmte Bilder etc., deren ideeller Wert deutlich den ästhetischen übersteigt, fotografiere ich vor dem Entsorgen ab. In dem Ordner »Sweet sweet memories« haben sie ihre digitale Heimat gefunden und nehmen in der realen Welt keinen Platz mehr in Anspruch.

+ + + + + + + + + + + + + + + +

Saubere Fenster

Auch wenn es vielleicht nicht ganz oben auf dem WG-Putzplan steht, hier die Anleitung »In fünf Schritten zur freien Sicht«:

1. Du brauchst: einen Eimer mit lauwarmem Wasser und einem Schuss Spülmittel drin, zwei Lappen, ein trockenes Mikrofasertuch und einen Handfeger.

2. Den Schmutz von innen und außen von Fensterrahmen und -bänken mit dem Feger kehren und mit dem einen Lappen abwischen.

3. Am besten du wechselst das Wasser jetzt: also nochmal warmes Spüliwasser in einen Eimer füllen. Mit dem noch unbenutzten Lappen wäschst du nun den groben Schmutz von der Scheibe. Erst senkrecht und dann waagerecht oder umgekehrt. Nimm nicht zu viel Schaum, das führt zu keinen saubereren Fenstern, sondern schmiert nur umso mehr.

4. Nun reibst du das Fenster innen und außen mit dem Mikrofasertuch trocken.

5. Zum Schluss wischt du nochmals die Fensterbänke feucht ab und entfernst die Wasserspritzer vom Fußboden.

FENSTER PUTZEN OHNE STREIFEN UND SCHLIEREN

Um Fenster, Glastische und Spiegel streifen- und schlieren-
frei zu putzen, gibst du einfach einen kräftigen Schuss Essig
ins warme Wasser. Wenn kein Putzmittel zu finden ist, aber
trotzdem mal der Himmel zu sehen sein soll: Fenster nur
mit klarem Wasser abwischen und anschließend mit nor-
malem zusammengeknüllten Zeitungspapier trocken reiben. Geht auch.

GESCHIRRSPÜLEN VON HAND FÜR ANFÄNGER

Ich spüle so: Zuerst kommt das Besteck in das Spülbecken,
dann lasse ich heißes Wasser einlaufen und gebe gegen
Ende das Spülmittel hinzu, weil ich den Schaum nicht so
gerne mag. Jetzt die Gläser und Tassen hinein und diese zuerst spülen. Zum Abtropfen stelle ich das Geschirr immer
auf ein trockenes Handtuch. Dann das Besteck spülen und
aufrecht in einen Ständer stellen. Jetzt kommen die Teller
und Schüsseln ins Becken. Ich lasse diese einen kurzen
Moment einweichen, während ich die Gläser und das Besteck abtrockne.

Nun die Teller etc. spülen und abtrocknen. In dieser Zeit
kann man schon mal die Töpfe kurz einweichen lassen.

IN DER BADEWANNE SPÜLEN

Ihr kennt es bestimmt: Jedes Mal, wenn ihr Geschirr spülen wollt, kommt Fußball, müsst ihr los auf eine Party oder etwas anderes Unaufschiebbares grätscht dazwischen. Dies führt dazu, dass eurer Geschirrberg in der Küche wächst und wächst. Und dazu sind die Essensreste irgendwann so eingetrocknet, dass du erst mal Hammer und Meißel benötigst, bevor der Spüllappen zum Einsatz kommen kann. Meine Lösung: ab mit Geschirr, Besteck und Pfannen in die Badewanne. Schön heißes Wasser mit einer ordentlichen Ladung Spüli – gut einwirken lassen und ab geht selbst der fieseste Dreck.

ANGEBRANNT!

Eingebranntes könnt ihr gut aus dem Topf entfernen, indem ihr ihn mit Wasser füllt und eine Tüte Backpulver dazugebt. Das Ganze kurz erhitzen und abkühlen lassen. Die Verkrustungen lassen sich dann leicht mit einer Spülbürste entfernen. Eine andere Möglichkeit: ein Geschirrspül-Tab oder einen Löffel Waschpulver in den Topf mit Wasser geben. Nach dem Kochen noch eine Weile stehen lassen. Dann mit einem Holzlöffel alles ablösen. Sollte die ganze Sache zu hartnäckig sein, nochmals oder mit mehr Wasser länger kochen lassen.

+ + + + + + + + + + + + + + + +

Seit Chrissi auch noch ihre Haare morgens glättet, bekomme ich noch schlimmere innere Wutanfälle in punkto Badbenutzung als sowieso schon. Freddy ist kein Problem, der steht sowieso erst auf, wenn alle anderen schon fertig sind. Larissa dagegen ist fertig, bis alle anderen aufstehen. Die einzigen, die kollidieren, sind Chrissi und ich, und ich muss sagen: Irgendwie ziehe ich immer den kürzeren. Bis Madame geduscht, geschminkt, geglättet und beduftet ist, vergeht nämlich gerne mal eine gemütliche halbe Stunde, in der ich schon in meinen Pyjamaärmel beißen möchte, vor allem, weil dem jedes Mal ein »Ich muss nur ganz kurz ins Bad, du kannst gleich rein« von Chrissi vorausgeht. Ich hab schon alles probiert, um vor ihr ins Badezimmer zu kommen, aber es ist wie mit dem Hasen und dem Igel: Irgendwie ist sie immer schon da und ist angeblich gleich fertig. Werde weiterhin versuchen, sie für einen Badezimmer-Benutzungsplan zu erwärmen.

+ + + + + + LIFE HACK + + + + + +

JEDEM SEIN KÖRBCHEN

Wir sind zu dritt. Und obwohl in kosmetischen Dingen eher anspruchsarm, bevölkerte irgendwann eine ganze Armada aus Deos, Duschzeug, Rasierschaum und Haarwaschmitteln sämtliche Abstellplätze unseres Badezimmers, inklusive Fensterbank, was das Lüften zu einer sehr umständlichen Angelegenheit machte. Nun hat jeder sein kleines Körbchen mit seinen Sachen drin, und auch die Frage »Mein Deo, dein Deo?« stellt sich nun weniger häufig.

BADPUTZKISTE

Wir bewahren alle Reinigungsmittel fürs Bad in einer Kiste im Bad auf. Als da sind: Allzweckreiniger (Boden), Essigreiniger (gegen Kalk), Soda (gegen Schimmel und Bakterien), eine Sprühflasche Glasreiniger (Duschtür, Spiegel), Scheuermilch (Klo), einen Bimsstein (damit kann man den Kalk an den Armaturen vorsichtig abschmirgeln), eine Zahnbürste (zum Säubern von Armaturen, Abfluss und Überlauf) und die nötigen Lappen. Vorteil: Man kann schnell »nebenbei« beim Haarefärben oder Maskeeinziehenlassen saubermachen, und kein Lappen landet versehentlich im Spülbecken.

NACH DEM BAD-PUTZEN

Nachdem ich schön in der Wanne gelegen oder ausgiebig geduscht habe, nehme ich ein Mikrofasertuch und geh damit kurz über die Duschwand und die Fliesen: Durch den entstandenen Wasserdampf hat sich der Schmutz darauf schon mal gelöst und lässt sich jetzt prima abwischen. Spiegel und Glas eventuell noch mit Küchenrolle (oder Toilettenpapier) trockenreiben. Fertig!

DUSCHKABINE WIRD VON ALLEINE SAUBER

Wenn du ab und an nach dem Putzen auf die saubere Scheibe Klarspüler mit einem Tuch auf die Innenseite der Duschkabine aufträgst, wird in Zukunft das Wasser grandios von alleine abperlen und die Kabine wie von selbst sauber und trocken.

+ + + + + + + + + + + + + + + + + +

Grundkurs: WC-Putzen

WC-Ente ausschütten, Bürste eintauchen, Spülung drücken, fertig – so schnell geht's leider nicht. Diese WC-Putz-Routine (mindestens einmal in der Woche und bei Bedarf durchführen) ist so einfach wie effizient:

1. WC-Reiniger unter den Rand der Schüssel entlang sprühen (dafür haben sie diesen krummen Auslass) und einwirken lassen. Einwirkzeit je nach Verschmutzung: mindestens eine Kaffeepause lang, für die Routinierteren: währenddessen schon mal was anderes (z. B. Waschbecken, Dusche, Wanne) putzen.
2. Die Schüssel mit der Klobürste gründlich schrubben, vor allem unterm Rand (dafür sind die Bürsten mit »Rädchen« dran gut. Danach spülen und Klobürste gleich mit abspülen.
3. Mit anderem Schwamm und Haushaltsreiniger Deckel

außen und innen sowie Brille außen und innen und die Keramik (auch unten und hinten) rund um die Schüssel sauber abwischen. Gelegentlich auch die Fliesen hinter dem Klo abwischen.

FRISCHER WIND

Fünf Personen, ein Klo, das riecht nach Problemen. Einfacher Trick: nach dem Geschäft ein Streichholz anzünden (eine Schachtel davon liegt bei uns im Aschenbecher am Badfenster). Der Schwefel neutralisiert die Gerüche.

 Ich weiß nicht, was ich ekliger finde als Haare im Abfluss. Wir reden hier nicht von einem einzelnen, unschuldigen Haar, das sich einmal – unschön, aber verzeihlich – ins Waschbecken verirrt hat, und das sich leicht mit einmal Zahnputzwasser herunterspülen lässt. Wir reden hier von Haaren in der Duschwanne, und zwar kurzen und langen und dunklen und hellen und dann noch solchen, die so kurz sind, dass sie garantiert abrasiert wurden. Und alle sind nicht von mir. Ich habe erst letzte Woche wieder eine kurze und zornige Konferenz im Badezimmer einberufen, um alle darauf aufmerksam zu ma-

chen, dass schon auf den Putzplanvereinbarungen festgehalten ist, dass jeder nach dem Duschen seine Haare wegmacht. Aber Larissa hat abwesend genickt, Chrissi süffisant gegrinst, und Freddy sagt, ich soll mich nicht so anstellen. Ich weiß nicht, wieso ausgerechnet ich mit Mitbewohnern gestraft bin, die kein normales Ekelempfinden haben, aber da steter Tropfen den Stein höhlt, habe ich jetzt an die Badezimmertür einen Zettel auf Augenhöhe gehängt. »Lose Haare – Bäh, bäh, bäh«

Abflussfrei für Ängstliche

Fahrradspeiche, Zahnbürste, Kleiderbügeldraht, Biospirale oder Flusensieb – der Einsatz dieser mechanischen Mittel ist für manche zartbesaiteten Langhaarwesen eine echte Herausforderung, wenn es gilt, die Abfallprodukte der täglichen Haarpflege aus dem Abfluss zu ziehen.

Es gibt einige Hausmittel, die bei leichten bis mittleren Verstopfungen helfen. Zum einen das geniale Allzweck-Haushaltswundermittel Backpulver. Davon gibt man am besten fünf Esslöffel in den Abfluss, mit einer halben Tasse Essig hinterher. Dann verschließt man ihn mit dem Abflussstöpsel. Es entsteht Kohlensäure, und im Rohr beginnt es zu sprudeln. Nach etwa zwanzig Minuten, wenn die Geräusche im Abfluss abebben, heißes, am besten sogar kochendes Wasser nachgießen.

Ein weiteres sehr wirksames Mittel, den Abfluss zu reinigen und Verstopfungen zu beheben, ist purer Essig. Mit einer Mischung von 150 Gramm Salz und 500 Milliliter heiß gemachtem Essig lassen sich Verstopfungen im Waschbecken oder in der Spüle sehr gut auflösen. Außerdem riecht es anschließend aus dem Abfluss angenehm, weil auch die Gerüche verursachenden Bakterien abgetötet werden.

Auch Gebissreiniger und Cola können leichte Verstopfungen auflösen. Dabei entsteht eine Reaktion, die sich durch Blubbern, Gluckern und Zischen bemerkbar macht.

Allerdings: Haare im Abfluss auflösen gelingt meist nicht, wenn sie sich schon zu einem festen Klumpen zusammengeballt haben. Dann muss man stark sein und versuchen, den Haarballen mit einem gebogenen Draht oder einem Haken nach oben zu ziehen. Hierbei ist es aber wichtig, den Draht am Rand der Verstopfung nach unten zu führen, damit die Haare nicht noch tiefer ins Rohr hineingedrückt werden und der Abfluss nicht noch mehr verdichtet wird.

+ + + + + + LIFE ☼ HACK + + + + + +

PÜMPEL-PARADE

Der einfachste und in neunzig Prozent aller Fälle wirksamste Weg, verstopfte Abflüsse wieder frei zu bekommen, ist die Saugglocke, auch Pümpel oder Pömpel genannt. Dieses billige und ganz einfach wirkende Teil funktioniert folgendermaßen: Etwas warmes Wasser, am besten mit Spülmittel versetzt, wird in den Abfluss geschüttet. Die Saugglocke wird auf den Abfluss aufgesetzt und durch Pumpen ein Unterdruck erzeugt, der Haare, Seifenreste und Co. im Siphon nach unten drückt und anschließend in einer Gegenbewegung mit Überdruck nach oben spült. So lassen sich viele Verstopfungen schonend entfernen.

+ + + + + + + + + + + + + + +

Ich weiß ja manchmal nicht, was mit den Leuten los ist. Freddy hat heute zum ersten Mal Wäsche gewaschen. Also: in seinem Leben. Es war ein kleines Abenteuer, an dem wir alle vier teilnehmen durften, weil Freddy einen nach dem anderen als Ratgeber dazu gebeten hatte. Alles wurde zur Frage: zu viele Einfüllfächer, zu viele Wasch-Programme. Ich habe erklärt und erklärt, aber ich habe das leise Gefühl, dass das nicht das letzte Mal war, dass ich das erklären muss. Freddy wirkte nicht unbedingt, als hätte er das jetzt alles schon so richtig verinnerlicht. Dabei ist es sogar seine eigene Waschmaschine. Aber mehr als sie bei Oma abzuholen, hat er bisher damit noch nicht gemacht – so lange bis er heute Morgen die allerletzte frische Unterhose angezogen hat. Ich habe ihm schon mal den Wäscheständer aufgebaut – man muss ja nicht alles an einem Tag lernen.

Grundkurs: Wäschewaschen

1. Wäsche sortieren,

dabei Taschen leeren und grobe Flecken ggf. vorbehandeln, farbempfindliche Wäsche auf links drehen

2. Waschmittel auswählen

– *Weißwäsche*: Vollwaschmittel in Pulverform. Enthält keimabtötende Bleiche.
– *Buntwäsche*: Colorwaschmittel
– *Fein- und Wollwäsche*: Spezialwaschmittel (z. B. für Wolle)
– *Weichspüler* brauchst du nicht.

3. Maschine beladen und Programm wählen

Maschine nicht zu voll und nicht zu leer beladen. Passt noch eine Hand locker darüber, ist die Maschine in der Regel optimal ausgelastet. Mit 30/40 Grad wäscht du T-Shirts, Pullover, Hemden, Hosen, mit 60 Grad Unter- und Bettwäsche, Handtücher, 95 Grad nur bei krasser Verschmutzung und nur bei Wäsche, die das auch verträgt: Im Zweifelsfall hilft ein Blick auf das Pflegeanleitungsschildchen auf deinen Klamotten (siehe Seite 113). Inzwischen gibt es bei fast allen neuen Maschinen ganz spezielle Waschprogramme (z. B. für Business-Hemden, Kuscheltiere und auch Handwasch- und Turbospeedprogramme). Immer auch die Dosieranleitung auf der Waschmittelpackung beachten.

Welches Waschmittel ist das Richtige?

Vollwaschmittel ist der Tausendsassa – geeignet für die meisten Textilien und für den Temperaturbereich von 30 bis 95 Grad.

Buntwaschmittel haben meist weniger Bleichmittel. Statt Vergrauungs- werden Verfärbungsinhibitoren eingesetzt, die – wie der Name schon sagt – vor Verfärbungen schützen. Perfekt also für Farbiges bis 60 Grad.

Feinwaschmittel enthalten wenig Bleichmittel und optische Aufheller und dafür mehr Enzyme. Sie entfalten ihre Waschwirkung am besten bei der Handwäsche oder bis 30 Grad.

Spezialwaschmittel sind auf die speziellen Anforderungen spezieller Fasern ausgerichtet – so enthalten Woll- und Seidenwaschmittel keine Protease, ein Enzym, das tierische Fasern schädigt. Wer viel Sport treibt, sollte ein Spezialmittel für Funktionsfasern einsetzen, das die empfindlichen Membranen nicht verklebt. Waschmittel für Schwarzes sind dagegen oft nur Buntwaschmittel in neuem »Kleid«.

Baukasten-Waschmittel bestehen aus dem Basiswaschmittel, einem Bleichmittel und einem Wasserenthärter. Sie sind besonders umweltschonend, da man ganz individuell dosieren kann. Bei einem Vollwaschmittel ist die Dosierung umso höher, je härter das Wasser ist. Beim Baukasten wird dafür nur der Enthärter höher dosiert, bei normaler Verschmutzung kann das Bleichmittel reduziert werden.

Weichspüler braucht kein Mensch! Er belastet nur die Umwelt und kann der Wäsche schaden, vor allem Sport- und

Funktionswäsche. Frotteehandtücher verlieren an Saug-fähigkeit. Die enormen Duftstoffmengen können Allergien auslösen. Wer gern herrlich duftende Wäsche hat, kann es auch mit einem Wäschespray ausprobieren. Das kann man auch selber machen: Eine Sprühflasche mit destilliertem Wasser füllen und wenige Tropfen Duftöl zugeben.

WASCHMITTELABMESSEN

Weil einige von uns reinschütten, was das Zeugt hält, befin-det sich in unseren Waschmittelbehältern – einer für bunt und einer für weiße Wäsche – je ein Plastikbecher. Diese haben wir mit einem roten Strich markiert (wir gingen von voller Waschmaschine mit normal schmutziger Wäsche aus), bis wohin sie mit Waschmittel zu befüllen sind. Seiher sparen wir ca. ein Drittel der Waschmittelmenge im Monat.

WASCHMASCHINEN-PFLEGE

Ein Mal im Monat solltet ihr einen Waschgang über 60 Grad einplanen. Bei jedem Waschgang setzen sich irgendwo Waschmittel, Weichspüler oder Ähnliches ab, und es bilden sich Keime, die einen muffigen Geruch verbreiten. Die wer-den aber erst bei höheren Temperaturen richtig weggespült.

Waschsymbole und deren Bedeutung

Waschen allgemein: Der Waschzuber verrät uns, dass das Kleidungsstück mit Wasser gewaschen wer-  den kann. Steht nun noch eine Zahl im Wasser, dann ist das die maximale (!) Waschtemperatur. Weniger geht immer!

Feinwäsche: Ein Strich unter der Waschschüssel bedeutet: Feinwäsche. Das heißt, das Maschinenprogramm geht mit weniger Bewegung ran und die Schleudertouren sind geringer. Zwei Striche heißen »Ultrafeinwäsche«. Da geht man mit  Handwäsche oder dem Handwaschprogramm auf Nummer Sicher.

Handwäsche: keine Maschine, bitte. Handwäsche! Wenn die Waschmaschine ein Handwasch- oder Wollprogramm hat, kann man das einstellen. Aber bitte entweder kalt oder maximal 30°.

 Trommeltrocknen: Hier ist der Trockner erlaubt. Je mehr Punkte im Kreis stehen, desto heißer kann getrocknet werden. Grundsätzlich gilt: Je feiner die Textilien, desto niedriger die Temperatur.

Bügeln: Bügeln erlaubt. Drei Punkte: heiß, zwei Punkte: warm, ein Punkt: lauwarm.

 Bleichen: Bleichen erlaubt. Wichtig für die Fleckbehandlung. Wenn Bleichen ausdrücklich verboten ist, bitte nicht mit Waschsoda oder Gallseife ran!

Reinigung: Sieht man einen Kreis, darf oder soll das Kleidungsstück in die Reinigung. Die Buchstaben im Kreis, wenn vorhanden, verraten der Reinigung, mit welchen Mitteln sie waschen kann. Für Interessierte: P = Perchlorethylen, A = Übliche Lösungsmittel (auch Waschbenzin). W = Nassreinigung. Ein Strich unter dem Kreis zeigt Schonbedarf an, ist der Kreis gefüllt und ausgestrichen, darf kein Wasser eingesetzt werden.

Ich glaube, dass unsere Waschmaschine gar keine normale Waschmaschine ist – sie ist ein Lebewesen, und zwar eines, das regelmäßig mit Socken gefüttert werden möchte. Allerdings nicht mit irgendwelchen Socken – nur mit einem pro Paar, da legt sie Wert drauf. Ich habe beim Einzug eine ganze Menge neuer Socken gekauft, und trotzdem trage ich heute aus der Not heraus zwei verschiedenfarbige. Meine Sockenschublade besteht inzwischen vor allem aus Single-Socken, die ihrem verlorenen Partner hinterhertrauern. Blau, Baumwolle, ledig, sucht …

Ich bin allerdings die einzige in der WG mit diesem Problem: Freddy hat ausschließlich schwarze Socken, der merkt gar nicht, ob einer fehlt. Larissa wäscht ihre hauchdünnen Feinstrümpfe sorgsam von Hand. Und Paul arbeitet selbstverständlich mit Sockenklammern, jedes Paar akkurat zusammengeheftet. Mir war das bisher zu doof, aber vielleicht muss ich umdenken. Bevor die verlorenen Socken in einem Paralleluniversum die Weltherrschaft übernehmen – gemeinsam mit 347 182 Haargummis.

 + + + + + + LIFE HACK + + + + + +

HANDWÄSCHE LEICHT GEMACHT
Von Hand zu waschen ist kein Hexenwerk. Wichtig ist, dass man ein Handwaschmittel benutzt, denn das löst Flecken und Verschmutzungen auch bei niedrigen Temperaturen. Eine einfache Möglichkeit der Handwäsche: Einen Eimer (oder ein Waschbecken oder eine Badewanne, je nach Menge) mit handwarmem Wasser füllen, entsprechende Menge Waschmittel dazu und nun das heikle Stück einfach eine gute Zeit lang einweichen lassen, das kann auch über Nacht sein. Dann vielleicht an fleckigen Stellen noch etwas reiben und anschließend gut ausspülen. Dazu den Eimer mindestens zweimal mit frischem Wasser füllen. Jetzt der Trick, damit das nasse Teil noch in diesem Leben trocknet: Plan auf ein Frotteehandtuch legen, dieses mit dem Kleidungsstück von unten aufrollen und die Rolle dann verzwirbeln. Das nimmt einen Großteil des Wassers raus, ohne dass die Form darunter leidet oder zu viele Knitterfalten entstehen.

+ + +

WÄSCHE SUPER PLATZSPAREND AUFHÄNGEN

Stell dir zwei Leinen vor: Du hängst das Wäschestück mit der Klammer an der einen Leine auf und den anderen Zipfel an der parallelen Leine. So kannst du auf einem Meter deine komplette Wäsche aufhängen. Das geht in einem Waschkeller von einem Haus, in dem drei WGs leben, sonst nur in den Semesterferien. Voraussetzung ist eine ordentliche Belüftung, sonst wird die Wäsche nicht richtig trocken, da sie enger aneinander hängt.

SCHNELLER TROCKEN

Um den Trockenvorgang der Wäsche im Trockner abzukürzen, füge ich der Wäsche ein trockenes Frotteehandtuch bei. Die Trockenzeit verkürzt sich dadurch um einiges.

Es ist mir unverständlich, wieso ich keine einzige WG kenne, die ein Bügelbrett besitzt. Maximal haben sie noch ein Bügeleisen, und das wird nur im Notfall benutzt, zum Beispiel hektisch am Morgen des Praktikumsvorstellungsgesprächs, und die Unterlage ist dann der Fußboden oder so. Auch meine Mitbewohner bügeln nicht, obwohl ich ihnen mehrfach angeboten habe, dass mein Bügelbrett und Bügeleisen für alle da sind. Also für alle, die sich auch bereiterklären, destilliertes Wasser erstens zuverlässig zu benutzen und zweitens nachzukaufen. Noch unverständlicher ist mir aber, warum bei uns rund um die Uhr irgendwo ein Wäscheständer im Flur rumsteht, auf dem schon seit Tagen getrocknete Wäsche hängt – und zwar so lange, bis irgendwer, wobei es normalerweise Chrissi ist, einmal unvorsichtig im Flur um die Ecke saust, an den Wäscheständer rempelt und siebzehn Socken herunterfallen. Mir scheint, zwischen mir und meiner WG ist wäschemäßig ein Verständnisgraben, der mit keinem Bügelbrett überbrückt werden kann.

Für Bügel-Muffel

Hier die vier ultimativen Bügelvermeidungsstrategien:

1. Nach dem Waschen sofort die Wäsche aufhängen, doch vorher kräftig ausschütteln und lang ziehen, dann gut gespannt an die Leine hängen, meist ist danach kein Bügeln mehr nötig.
2. Drehzahl des Schleudergangs minimieren, 800 Um-

drehungen reichen völlig aus, danach ist das Kleidungsstück noch gut formbar und glättet sich an der Leine von selbst. Außerdem ist eine geringere Drehzahl schonender für die Kleidung.

3. Wasserdampf nutzen: Das Kleidungsstück, das man anziehen will, auf einen Kleiderbügel ins Bad hängen. Danach die Fenster schließen und duschen. Der warme Wasserdampf glättet sehr gut.

4. Das Kleidungsstück mit einigen Eiswürfeln in den Trockner geben und fünf Minuten auf wärmster Stufe trocknen. Das Wasser der Eiswürfel verdampft und löst die Falten aus der Kleidung.

NOTFALL

Ich habe mal mit einer Kommilitonin zusammengewohnt, die hat mit ihrer Wäsche ständig die Waschmaschine und auch den Trockner blockiert. Da sie auch sonst all ihre Aufgaben im Haushalt geflissentlich übersehen hat, platzte mir irgendwann der Kragen, und ich habe die Haushaltshilfe meiner Eltern engagiert, unsere Wohnung mal gründlich durchzuputzen. Das Geld habe ich aus unserer Haushaltskasse genommen.

+ + + + + + + + + + + + + + +

Eine Perle für die WG

Wenn der Haushaltsplan zum Stresstest wird und/oder alle Bewohner rund um die Uhr im Einsatz sind, ob nun an der Uni oder im Job, dann ist es vielleicht das Beste für den WG-Frieden, in Sachen Haushalt Hilfe zu suchen. Eine Reinigungskraft zu finden, ist kein Hexenwerk.

Ihr könnt in der Tageszeitung, im Wochen- oder Amtsblatt Inserate durchforsten oder selbst eine Anzeige aufgeben. Wenn ihr für einen Text zur Feder greift, eure künftige Haushaltsperle ist sicher interessiert am Stundenlohn, an der Stundenzahl sowie am Ort beziehungsweise am Stadtteil, den sie anfahren muss. Wenn ihr im Text ganz klar formuliert, dass ihr eine legale Reinigungskraft für euren Privathaushalt sucht und Schwarzarbeit ausschließt, bleiben euch viele unnötige Anrufe erspart.

Statt den Weg über eine Anzeige zu gehen, könnt ihr auch Handzettel aushängen, zum Beispiel beim Bäcker oder im Café. Schreibt das Aushängedatum in eine Ecke, dann können die Lesenden einschätzen, wie aktuell das Ganze ist, und ihr könnt davon ausgehen, dass die Betreiber den Aushang nach ein paar Wochen wieder runternehmen. Möglicherweise haben auch Bekannte von euch eine Reinigungskraft, der sie volles Vertrauen schenken und die noch Kapazitäten für einen weiteren Haushalt hat.

Natürlich könnt ihr auch im Internet Hilfe finden. Online-Suchportale sind z. B.: Helpling.de, Betreut.de, Haushelden.de, bookatiger.com

Auch die Minijob-Zentrale hat eine Vermittlungsplattform: Neben Minijobberinnen und Minijobbern vermittelt sie sozialversicherungspflichtige Beschäftigte unter haushaltsjob-boerse.de. Auf der Homepage der Minijob-Zentrale gibt es das Formular »Haushaltsscheck«, das füllt ihr zusammen mit eurer zukünftigen Haushaltshilfe aus. Entscheiden müsst ihr hierbei, ob das monatliche Einkommen immer gleich ist oder variiert. Bleibt es gleich, müsst ihr das Formular nur einmal ausfüllen, sonst gibt es sogenannte Folgeschecks, in die das jeweilige Einkommen eingetragen wird. Vom Einkommen werden Sozialabgaben und Steuern errechnet, die ihr als Arbeitgeberin oder Arbeitgeber tragt. Die Minijob-Zentrale meldet eure Haushaltshilfe bei der gesetzlichen Unfallversicherung an, so dass ihr weiter nichts tun müsst. Für euch als Arbeitgeber ist zu beachten, dass Minijobber einen Anspruch auf bezahlten Urlaub haben, sie also nicht das ganze Jahr für euch zur Verfügung stehen müssen.

Nun wird eure Haushaltshilfe doch erst einmal teurer als gedacht? Im Gegenzug könnt ihr bis zu zwanzig Prozent eurer gesamten Aufwendungen (Jahresentgelt plus Abgaben), maximal 510 Euro, bei der Steuer geltend machen.

Ganz unbürokratisch ist es für euch, wenn ihr eine selbstständige Reinigungskraft bucht. Mit ihrem Stundenlohn könnt ihr zügig hochrechnen, was sie euch im Monat kosten wird. Für Urlaub und Krankheit ist sie selbst verantwortlich. Steuerlich könnt ihr mehr geltend machen als beim Minijob.

Putzplan-Entschuldigungs-Formular

(Zutreffendes bitte ankreuzen)

Antrag auf Befreiung von _____

im Zeitraum: _____ bis _____

Leider ist es mir nicht möglich, meine Tätigkeit
diese Woche adäquat auszuführen, und zwar aus
folgendem Grund:

❏ Klausurwoche
❏ Furchtbare Erkältung
❏ Wirklich, wirklich keine Lust
❏ Hab letzte Woche den ganzen Scheiß erledigt,
   vor dem ihr euch gedrückt habt
❏ Harte Woche in meiner Einhorn-Zucht
❏ Muss endlich bei Game of Thrones aufholen

Das
❏ tut mir furchtbar leid
❏ tut mir gar nicht leid
❏ ist absolut angemessen
❏ versteht ihr sicher, ihr Schnuckis

Viele Grüße/Habe die Ehre/Kussibussi/
Lasst mich bloß in Ruhe, ihr Lappen

WIE ORGANISIERT IHR
EUER WG-ESSEN?

Wir haben uns nach längerer Diskussion auf eine WG-Kasse geeinigt. Jeder zahlt pro Monat 25 Euro ein und davon wird dann gekauft, was eh alle brauchen: Öl, Gewürze, Klopapier, Putzmittel, Nudeln und Ähnliches. Bisher funktioniert es so halb. Und zwar im wahrsten Sinn des Wortes: Die Hälfte der WG zahlt ein, und die andere Hälfte gibt es aus. Während nämlich Larissa und ich irgendwie bisher die einzigen sind, die an die 25 Euro denken, denken Chrissi und Freddy regelmäßig daran, den WG-Geldbeutel mit zum Einkaufen zu nehmen. Wenn jetzt die jeweils andere Hälfte noch an das denken würde, was sie bisher vergisst, hätten wir es geschafft.

+ + + + + + LIFE HACK + + + + + +

WG-KASSE

Unsere WG-Kasse ist ein Geldbeutel, in den jeder monatlich eine bestimmte Summe hineinlegt. Wir haben ausgemacht, was davon gekauft wird und was nicht, z. B. ist für Alkohol und Nikotin jeder selbst verantwortlich. Wenn jemand für alle einkauft und den Geldbeutel nicht dabei hat, nimmt er sich das Geld einfach später aus dem Beutel und legt den Kassenbon hinein. Am Ende des Monats wird abgerechnet.

+ + +

AM ENDE DES MONATS WIRD KASSIERT

Bei uns ist das so: Wenn jemand etwas für die Gemeinschaft gekauft hat, steckt er den Bon davon mit seinem Namen versehen in unser Kassenglas im Flur. In regelmäßigen Abständen wird eine Abrechnung gemacht. Es gibt auch die Möglichkeit, sich mit vorheriger Ankündigung aus bestimmten Sachen »herausrechnen« zu lassen. Einer unserer Mitbewohner trinkt z. B. keinen Kaffee und muss ihn deshalb natürlich auch nicht mit zahlen.

Zusätzlich haben wir ein WG-Konto, auf das anteilig auch Miete und Nebenkosten überwiesen werden. Jeder von uns überweist darüber hinaus monatlich einen kleineren Betrag. Dieser sammelt sich über die Zeit auf dem Konto an und steht uns dann für größere Ausgaben, wie z. B. Reparaturen, Renovierungen, Nebenkostennachzahlungen usw., zur Verfügung. Wir entscheiden gemeinsam, wofür das Geld verwendet wird (kürzlich gab es z. B. eine Mikrowelle für die Küche).

MIND THE PREIS

Damit sich keine Missverständnisse ergeben, haben wir uns darauf geeinigt, dass für die allgemeine Benutzung möglichst immer das Günstigste gekauft werden soll. Bei größeren Anschaffungen (z. B. unsere neue Kaffeemaschine) heben wir die Kassenzettel gut auf, damit beim Auszug eines Mitbewohners dieser entsprechend ausbezahlt werden kann.

JEDER FÜR SICH

Lebensmittel kauft jeder für sich selbst ein, also entfällt schon mal die lästige Aufrechnerei, wer wann wie oft Nudeln gekauft hat und wer wem wie viel deshalb schuldet. Natürlich helfen wir uns mit Lebensmitteln gegenseitig aus. Da wir uns gut verstehen, rechnen wir dann aber nicht die eine Tasse Mehl gegen zwei Portionen Nudeln ab, sondern sind da sehr locker, und niemand fühlt sich überfordert.

HAUSHALTSKASSEN-APP

Heutzutage gibt es ja eigentlich für alles ein App. Für die Verwaltung eurer WG-Finanzen gibt es sogar diverse (z. B. Splitwise). Ihr habt aber auch die Möglichkeit, die Abrechnung per Excel-Tabelle zu verwalten, und zwar mit einem WG-Abrechnungstool. Damit können anfallende WG-Rechnungen von allen Mitbewohnern ganz leicht eingesehen und verwaltet werden. So hat man jederzeit einen Überblick über Guthaben und offene Posten. Ein großer Vorteil an einer Excel-basierten WG-Abrechnung ist, dass fast jeder Excel als Programm auf seinem Rechner hat. Die WG-Abrechnung kann bequem per E-Mail an alle Mitbewohner versendet und geteilt werden. Und habt ihr die WG-Abrechnung einmal auf einer Dropbox, kann diese von überall geöffnet und auf jedem Gerät (PC, Tablet, Smartphone) angezeigt und bearbeitet werden.

Das Starter-Paket für die WG-Küche

- Essig, Öl, Butter oder Margarine
- Salz, Pfeffer, Gewürze
- Ketchup, Mayonnaise, Senf
- Mehl, Zucker
- H-Milch, H-Sahne
- Haferflocken, Müsli, Cornflakes
- Honig, Marmelade, Nutella
- Kaffee, Kakao, Tee
- Nudeln, Reis
- Gemüse-Dosen (z. B. Erbsen, Bohnen, Tomaten)
- Obst-Dosen (z. B. Ananas, Mandarinen, Pfirsiche)
- Tiefkühlprodukte (z. B. Obst und Gemüse)
- Tomatenmark, Brühwürfel, Paniermehl
- Zwiebeln, Knoblauch
- Mineralwasser

EINKAUFSLISTEN ZUM AUSSCHNEIDEN FÜR DIE STEREO-TYPISCHE ...

Hipster-WG:

Chiasamen
Seidentofu
Haferflocken (für leckere Overnight-Oats)
Süßkartoffeln
3 Gläser Kokosöl (kommt eh weg)
Gin (aus Manufakturbetrieb)

Männer-WG:

Tiefkühlpizzen
Tiefkühlpizzen
Tiefkühlpizzen
Tabasco (ruhig ordentlich scharf, höhö)
Curryketchup
Nudeln (irgendwelche)

EINKAUFSLISTEN ZUM AUSSCHNEIDEN FÜR DIE STEREO-TYPISCHE ...

Frauen-WG:

Sekt (halbtrocken)
Joghurt (fettreduziert)
Tiefkühlhimbeeren
Nutella (für Unglückstage)
Couscous
Ben& Jerrys Cookie Dough

Ersti-WG:

Nudeln
Salz, Pfeffer, Öl
Reis
Zucker
Wodka
Ahoj-Brause
irgendwas Süßes
Scheibletten-Käse
Toast

BROT EINFRIEREN

Wenn wir alle vier da sind, verdrücken wir mal locker ein Brot am Abend. Es kann aber auch sein, dass wir eine Woche lang nicht in den Brotschrank schauen. Damit aber immer genügend Brot da ist, ohne dass es vor sich hin schimmelt, kaufen wir geschnittenes Brot und frieren es ein. Je nach Bedarf lässt es sich im Toaster in kürzester Zeit auftauen und schmeckt auch noch schön kross.

+ + + + + + + + + + + + + + + +

Liebe Muttis,

in unserer WG gibt's zwei Fraktionen. Die eine isst bis zum letzten Krümel alles auf, und zwar in jedem Zustand. Die andere sieht schon einen Apfel schief an, wenn der mal eine Delle hat. Das sind Grabenkämpfe, die da zwischen Kühlschrank und Küchentisch geführt werden. Die einen bekommen »spätkapitalistischen Verschwendungswahn« an den Kopf, die anderen »vorsätzliche Körperverletzung« vor die Füße geschmissen. Hand aufs Herz: Welche Lebensmittel muss man wann entsorgen?

Schimmelpilze ziehen sich durch das gesamte Lebensmittel, ohne mit bloßem Auge sichtbar zu sein. Nur den sogenannten Schimmelrasen können wir sehen, der sich auf der Oberfläche der Lebensmittel befindet.

Schimmelpilze sind sehr stabil und lassen sich durch Erhitzen oder Einfrieren nicht entfernen. Das Gefährliche dabei: Sie können krebserregende Gifte bilden.

Je flüssiger ein Lebensmittel ist, desto schneller breitet sich Schimmel aus. Mit Schimmel befallene Milchprodukte solltet ihr deshalb vollständig entsorgen. Aber auch Weich-, Frisch- oder Schnittkäse mit Schimmel unbedingt wegwerfen. Nüsse mit verschimmelten Kernen und Schalen unbedingt aussortieren. Ranzig und bitter schmeckende Nüsse entsorgen. Bei festen und harten Obst- und Gemüsesorten reicht es aus, braune Stellen zu entfernen. In wasserreichen Sorten wie Pfirsichen, Birnen, Zitrusfrüchten und Tomaten breitet sich Schimmel besonders schnell aus. Hier hilft nur noch wegwerfen.

Auch verschimmeltes Schnittbrot gehört in die Tonne. Einen ganzen Brotlaib, der nur einen winzigen Schimmelfleck besitzt, könnt ihr vielleicht retten, indem ihr die befallene Stelle großzügig entfernt. Dagegen solltet ihr die Marmelade mit Schimmelflecken grundsätzlich entsorgen, denn der Schimmel liegt auch auf der Glasfläche, so dass es nichts bringt, einen großen Löffel Marmelade mit dem sichtbaren Schimmel abzuheben. ⇐

TRAU DEINER NASE

Fleisch, Fisch und Frischmilch müssen unbedingt im Kühlschrank aufbewahrt werden und möglichst zeitnah verzehrt oder verarbeitet werden. Schaffst du das nicht, friere sie am besten ein. Mett (das z. B. für die Igel, siehe Seite 175) kann man nur am Tag der Herstellung roh essen. Wenn du was überhast, kannst du es einfrieren oder z. B. als kleine Bällchen braten und am nächsten Tag essen. Auch bei Wurst musst du darauf achten: Riecht sie komisch und hat einen schleimigen Film und grüne Verfärbungen, wirfst du sie besser weg.

VORRATSHALTUNG

Trockenvorräte immer geschlossen aufbewahren: So kannst du beispielsweise mit Klipsen die Tüten von Cornflakes, Müsli, Reis und Nudeln verschließen oder diese Dinge in Vorratsbehälter umfüllen. Das hält zum einen länger frisch und zum anderen kommen keine Schädlinge rein oder auch raus. Es kann nämlich mal sein, dass gerade im Müsli Tierchen sind, und wenn die sich in den anderen Lebensmitteln und in der Wohnung verteilen, hast du viel Müll und viel Arbeit, sie wieder loszuwerden.

SCHON MAL CONTAINERT?

Supermärkte entsorgen sehr viele Lebensmittel, die eigentlich noch einwandfrei zu verwenden sind. Entweder ist das Mindesthaltbarkeitsdatum der Lebensmittel überschritten, eine neue Lieferung benötigt den Platz, oder manchmal ist auch nur die Verpackung leicht beschädigt – wertvolles Essen landet im Müll statt auf dem Teller. Deshalb entlastet Containern nicht nur die WG-Kasse, sondern ist auch als ein Statement gegen die Verschwendung von Lebensmitteln zu verstehen. Auch Gärtnereien werfen oftmals frische Blumen oder Pflanzen weg, und manche Bekleidungsgeschäfte entsorgen Reste der letzten Kollektion im Müll.

Wer als Containerer einsteigen möchte, sollte sich vorher Tipps und auch Informationen über die rechtliche Lage z. B. in diversen Foren im Internet einholen.

GÜNSTIG FRISCHES VOM MARKT

Unser Wochenmarkt bietet viele Produkte, gerade leicht verderbliche Ware, gegen Ende (der Markt schließt samstags um 13 Uhr) zum Schnäppchenpreis an. Auch Schnittblumen gibt's dann günstig – perfekt auch für den Wochenendbesuch Zuhause.

GEMÜSE BILLIG EINKAUFEN

Jedes Gemüse ist immer dann am billigsten, wenn es gerade Saison hat. Das tolle daran: Genau dann schmeckt es auch am besten und ist am gesündesten!

+ + + + + + + + + + + + + + + +

Obst lagern, aber richtig

Da Äpfel und Birnen bei kühler Lagerung kaum an Qualität und auch an Vitaminen verlieren, bekommen wir sie das ganze Jahr über. Kleiner Tipp: wenn die Früchte eher matt glänzen, sind sie frischer, da sie ihre natürliche Schutzschicht noch besitzen. Lagerung also am besten kühl und dunkel. Vorsicht mit dem, was man neben die nachreifenden Früchte lagert: Brokkoli wird gelb, Blumenkohl welk, Bananen braun, Avocados weich, was ja auch seine Vorteile haben kann.

Konventionelle Mandarinen, Orangen, Zitronen und Limetten werden mit Konservierungsmitteln und Fungiziden behandelt – das muss auch deklariert werden. Deshalb nach dem Schälen immer die Hände waschen, bevor man das Fruchtfleisch berührt. Oder Bio kaufen.

Zitrusfrüchte dürfen nicht in den Kühlschrank, können aber trotz dicker Schale austrocknen. Außen hui, innen pfui. Anders bei dünnschaligen Orangen und Zitronen. Wenn hier die Schale hart und eher lederartig wird, ist dies ein Schutzmechanismus der Pflanze.

Das Innere bleibt saftig und kann mit Genuss gegessen werden!

Bananen, Ananas, Kiwi, Papaya und Mango kommen aus dem Warmen und wollen nicht ins Kalte. Bis auf die Ananas reifen alle nach, sie müssen also nicht vollreif gekauft werden. Allerdings auch nicht (vor allem bei Mango und Papaya) grasgrün. Wie erkennt man nun einen vollreife Ananas? Grüne Blätter, die Frucht gelbgrün, möglichst frische Schnittstelle. Lässt sich nun noch das innere Blatt leicht herausziehen, ist die Ananas reif.

+ + + + + + LIFE 💡 HACK + + + + + +

APFELMUS SELBSTGEMACHT

Hinter unserem Haus steht ein Apfelbaum. Unser Vermieter hat uns gebeten, das Fallobst immer mal wieder aufzusammeln (an das hängende kommt man schlecht ran). Letztes Jahr haben wir das eingekocht. Supersuperlecker! Äpfel waschen, schälen, vierteln und das Kerngehäuse entfernen, in kleine Stücke schneiden, mit Zitrone beträufeln und fünfzehn bis zwanzig Minuten auf niedriger Stufe köcheln lassen. Anschließend mit einem Pürierstab zerkleinern mit Zucker, Zitronensaft und Zimt abschmecken und warm oder kalt servieren.

+ + + + + + + + + + + + + + +

Einfrieren mit System

Was ist ein Tiefkühlfach doch für eine prak-
tische Angelegenheit. Das übriggebliebene
Grillfleisch, das Gemüse im Sonderangebot,
die Notbrötchen für den Feiertag – ab in die
Tüte und freeze! Damit man aber beim Tiefkühlen kein Geld verbrennt und auch nach
dem Auftauen noch Freude an seinen Lebensmitteln hat, hier einige tiefgekühlte Regeln
und Tipps.

Kann man alles einfrieren?
Theoretisch kann man alles einfrieren, nur nach dem Auftauen sind manche Lebensmittel nicht mehr schön. Fleisch
und Fisch kann man unbedenklich tiefkühlen. Bei Gemüse
muss man da vorsichtiger sein. »Frisches«, was nicht ge-
kocht wird, lässt sich meist auch nicht einfrieren. Nicht
TK-geeignet sind z. B. Salat, Gurken, Radieschen, Tomaten
(hier gibt es geschmacklich bessere Haltbarkeitsvarianten).
Diese Regel gilt auch für Kräuter: Was mitgekocht werden
kann, z. B. Petersilie, kann auch ins Eisfach. Basilikum und
Koriandergrün nicht. Auch nicht in die Truhe müssen und
sollen Gemüse, die von sich aus sehr lange haltbar sind wie
Zwiebeln, Knoblauch, Kartoffeln, Süßkartoffeln. Zwiebeln
werden matschig, Kartoffeln süß und glasig. Brot und Backwaren kann man unbedenklich einfrieren – schaut einfach
mal in die TK-Truhe im Supermarkt, was da so alles liegt.

Die Vorbereitung

Alles, was man unbeschädigt wieder auftauen will, muss man auch ordentlich vorbereitet einfrieren. Dazu gehört, dass Fleisch und Fisch sauber abgetupft und nebeneinander in die Tüte kommen. Gemüse gehört geputzt, geschält, gewaschen, abgetrocknet und am besten portioniert. Manche Gemüse sollte man vor dem Einfrieren blanchieren, das heißt kurz in kochendes Wasser tauchen. Das tötet Mikroorganismen, inaktiviert verderbliche Enzyme und erhält die Farbe. Nach dem Blanchieren immer eiskalt abschrecken – so wird das Gemüse durch die Resthitze nicht weitergegart. Blanchieren sollte man: Blumenkohl, Broccoli, Kohlrabi, Fenchel, Kohl und Möhren.

Roh einfrieren kann man: Spargel, Zucchini und Pilze. Die meisten Gemüse muss man vor dem Zubereiten übrigens nicht auftauen, vor allem Spargel nicht, am besten man steckt ihn tiefgefroren ins kochende Wasser oder Dampfbad.

Der Gefrierbeutel, dein Freund und Helfer

Gefriergut rein, Luft raus: Wenn man im Beutel einfriert, sollte möglichst wenig Luft darin bleiben – dann kann kein Wasser verdunsten (das passiert auch bei -18°C, nur langsamer als bei Raumtemperatur) und das Lebensmittel trocknet nicht aus. So entsteht auch der gefürchtete »Gefrierbrand« nicht, womit einfach ausgetrocknete Lebensmittel gemeint sind. Damit das Auftauen keine extrem langwierige oder matschige Angelegenheit wird, sollte man darauf achten, das »Gefriergut« sauber getrennt in den Beutel zu bringen. Beispielsweise kann man Beeren oder Gemüseteile wie Blumenkohlröschen auf einem Blech oder Tablett vorfrieren und erst in gefrorenem Zustand in den Beutel füllen. Das Auftauen erfolgt dann auch wieder auf der Fläche, beispielsweise auf einem Teller. Fleischstücke wie Schnitzel oder Steaks und Fischfilet möglichst nebeneinander im Beutel platzieren, dann hat man später nicht das Problem, dass man einen Klumpen Protein vor sich hat, der an den Rändern schon halb durch, in der Mitte aber noch hartnäckig gefroren ist. Was das Auftauen von Fleisch und Fisch angeht, heißt es immer: »am besten über Nacht im Kühlschrank«. Nun denkt man aber nicht so weit im Voraus. Dann kann man auch bei Zimmertemperatur auftauen – ohne Beutel. Oder im luftdicht verschlossenen Beutel in einer Schüssel kaltem (!) Wasser.

Alles hat ein Ende

Tiefgekühltes hält zwar lange, wird aber mit der Zeit auch nicht besser. Wasser verdunstet, das Gefriergut trocknet aus, Vitamine werden abgebaut. Obst und Gemüse haben nach vier Monaten 15 Prozent ihrer Vitamine verloren, nach einem Jahr bereits mehr als die Hälfte.

Fisch hält sich bei -18°C rund vier Monate, Fleisch bis zu einem Jahr. Bilden sich schon vorher Eiskristalle und graue Stellen (Gefrierbrand), sollte man auftauen, genau ansehen und höchstwahrscheinlich wegwerfen. Obst und Gemüse kann man sechs bis zwölf Monate lagern, Brot und Backwaren jedoch nur ein bis drei Monate.

Das Wichtigste im Tiefkühlfach: Der Überblick

Aus den Augen, aus dem Sinn. Vor allem in größeren TK-Schränken oder gar -Truhen verliert man einzelne Beutel leicht aus den Augen. Was für eine Überraschung, wenn einem beim Abtauen das drei Jahre alte Seezungenfilet in die Hände fällt. Erstes Gebot also beim ordentlichen Einfrieren: Kennzeichne deinen Beutel mit farbigen Etiketten oder schreibe direkt auf den Beutel und versehe ihn mit möglichst vielen Informationen: Was ist drin, wieviel und von wann. Trick für Augenmenschen: Die verschiedenen Lebensmittel immer am gleichen Platz lagern, Fleisch immer hinten links, Gemüse vorne rechts oder in der zweiten Schublade von oben. Ebenfalls hilfreich ist eine externe Bestandsliste – vor allem für die, die anderes im Kopf haben als den Inhalt ihres Gefrierschranks. Hier notiert man, was man einfriert und streicht dieses wieder aus, wenn man es rausholt. Damit die nächste Abtauaktion nicht zur archäologischen Expedition wird.

WG-Küchen-Grundausstattung

Je größer die WG, desto größer die Töpfe! Für eine Vierer-WG sollten fürs Erste zwei mittelgroße Töpfe (wenn oft Besuch da ist, vielleicht noch ein Fünf-Liter-Suppentopf) reichen

eine *Pfanne* (am besten der Allrounder: beschichtete Alu-Pfanne)
wenn ein Backofen da ist: eine große *Auflaufform*
Wasserkocher
Toaster
Dosenöffner
Korkenzieher
Besteck (Messer, Gabel, Suppen- und Dessert-Löffel)
Brett zum Brot-, Gemüseschneiden
Gläser
acht *Teller*, je vier Suppen- und vier flache Teller
Brotmesser
zwei *Schüsseln* (z. B. für Salat)
Kochlöffel
Schneebesen
Scharfe Messer, Mehrzweckreibe
Brettchen (Plastik ist hygienischer als Holz)
Schöpfkelle
Nudelsieb
Pfannenschaber aus Plastik (wegen der Pfannenbeschichtung)
Messbecher, Alufolie, Frischhaltefolie

Heute ist Mittwoch, und das heißt: WG-Kochabend. Hat sich irgendwann so eingependelt, wir haben das nicht extra verpflichtend festgelegt. Aber mittwochs sind wir normalerweise abends alle zuhause und essen muss man ja und zusammen ist immer schöner, finde ich zumindest. In den ersten Wochen war es noch ein bisschen schwierig, weil wir noch nicht wussten, wer was nicht mag oder sehr mag, oder früher mal mochte, aber jetzt nicht mehr ... aber inzwischen hat sich eine imaginäre Liste von sieben bis zehn Gerichten herauskristallisiert, in denen nicht zu viel Gemüse (Freddy), kein Fleisch (Larissa), keine Schalentiere, kein Glutamat, kein raffinierter Zucker, keine Zwiebeln (Paul) und kein Fenchel (ich) drin sind. Wie man an dieser Liste merkt, bin ich bei weitem die am einfachsten Zufriedenzustellende. Es hat sich zudem folgende Jobaufteilung als praktikabel erwiesen: Ich schnipple irgendetwas, denn dabei kann ich gut erzählen. Paul wiegt ab, schmeckt ab, hakt ab. Freddy macht alles das, was im weitesten Sinne als spektakulär und aufregend gilt, und womit er in Nacherzählungen am ehesten angeben kann. Und Larissa macht, was man in Wirklichkeit so machen muss. Herd anschalten. Wasser in den Topf. Öl in die Pfanne. Herumrühren.

Die Frag-Mutti-Küche
Unsere fünf Lieblingsgerichte
Für 4 Personen

PLATZ 5: PASTA MIT MANGOLD

500 Gramm Bandnudeln

1 großer Mangold

2 Zwiebeln

1 Knoblauchzehe

2 Esslöffel Olivenöl

1 Becher Sahne

Schmelzkäse

Instant-Gemüsebrühe

½ Teelöffel Speisestärke

Pfeffer, Salz

Die Bandnudeln in Salzwasser al dente kochen.

Den Mangold waschen, die Stiele in Würfel, die Blätter in Streifen schneiden. Zwiebeln und Knoblauch fein würfeln. Zwiebeln in Olivenöl andünsten, Knoblauch ebenfalls kurz mit anbraten, dann erst die Mangoldstiele dazugeben, danach die Blätter. Mit Gemüsebrühe auffüllen, so dass das Gemüse gerade so bedeckt ist. Bissfest kochen.

Schmelzkäse und Sahne hinzugeben, Soße je nach Bedarf mit Speisestärke andicken.

Mit Pfeffer und Salz abschmecken und zu den Nudeln servieren.

PLATZ 4: GEFÜLLTE RÖSTI

8 große Kartoffeln

2 Zwiebeln

Gemüse nach Wahl

Pfeffer, Salz

Kräuter nach Wahl

2 Esslöffel Olivenöl

250 Gramm Käse oder mehr

Kartoffeln schälen und auf einer groben Reibe raspeln.
Zwiebeln kleinschneiden.

Gemüseauswahl treffen: was auch immer dir in
Kombination mit Kartoffeln lecker vorkommt,
z. B. Möhren, Zucchini und Mais.

Öl in einer Pfanne erhitzen.

Die gesamte Fläche der Pfanne nahezu fingerdick mit den
Kartoffelschnipseln auslegen und mit einem Löffel etwas
andrücken, bis eine zusammenhängende Fläche entstan-
den ist.

Das kleingeschnittene Gemüse und die Zwiebeln auf dem
Teig verteilen, Käse darüber geben, mit Salz und Pfeffer
würzen. Bei heißer Pfanne ca. drei bis fünf Minuten
anbraten.

Das Gemüse und den Käse mit den restlichen Kartoffeln
abdecken.

Das Rösti drehen. (Dazu schiebst du einen Teller an
einer Seite vorsichtig unter das Rösti, hebst die Pfanne
etwas an und ruckelst ihn auf den Teller. Dann packst

du den Teller mit beiden Händen, hältst ihn über
die Pfanne und drehst ihn dann schnell um: Tadaa!
Das Rösti liegt auf seiner ungebratenen Seite in
der Pfanne.)
Die andere Seite des Röstis ebenfalls braten.

PLATZ 3: ENCHILADA-AUFLAUF

2 rote Zwiebeln
2 Knoblauchzehen
1 Esslöffel Öl
500 Gramm Rinderhackfleisch
200 Gramm Kidneybohnen (Dose)
1 Teelöffel gemahlener Kreuzkümmel
Pfeffer, Salz
200 Milliliter Sahne
Soßenbinder
1 Esslöffel gehackte Petersilie
1 Zweig Petersilie
4 Esslöffel Schmand
200 Gramm Gratinkäse
1 kleines Glas Jalapeño
8 Enchiladas

Die Tomaten und Zwiebeln schälen und fein würfeln, den
Knoblauch schälen und kleinhacken.
Das Öl in einer Pfanne erhitzen und die Zwiebelwürfel
darin kurz anbraten.

Das Hackfleisch und den Knoblauch dazugeben, alles krümelig braten.

Sahne aufgießen, etwas einkochen lassen und mit Soßenbinder abbinden.

Chilis fein hacken, mit der Petersilie zugeben.

Eine Auflaufform ausfetten, mit ca. zwei Enchiladas auslegen

1/3 Chili darauf geben und mit etwas Käse bestreuen.

Vorgang zweimal wiederholen.

Mit Enchiladas abdecken, den restlichen Käse mit Schmand verrühren, auf die Enchiladas streichen.

Chilischoten dekorativ darauf verteilen.

Bei 200 Grad im vorgeheizten Backofen ca. 20 bis 30 Minuten backen.

Auflauf aus dem Ofen nehmen, ca. fünf Minuten stehen lassen, mit Petersilie garniert servieren.

PLATZ 2: PUTENGESCHNETZELTES MIT KOKOSMILCH

4 Putenschnitzel

1 Esslöffel Sojasauce

Currypulver

1 Bund Lauchzwiebeln

1 Zwiebel

1 Knoblauchzehe

Öl

Salz

1 Dose Kokosmilch

1 Dose Ananas in Stücken
Ingwer
rote Chilischote

Putenschnitzel in Streifen schneiden und in Sojasauce und
Curry einlegen.
Ananas in ein Sieb geben, Saft auffangen und die Scheiben
vierteln. Ingwer schälen.
Chili putzen, längs aufschneiden, entkernen, waschen.
Ingwer und Chili fein hacken.
Lauchzwiebeln putzen, waschen und in lange Stücke
schneiden.
Zwiebel und Knoblauch schälen und fein würfeln.
Öl in einem Topf erhitzen.
Zwiebel und Knoblauch darin ca. fünf Minuten dünsten.
Eingelegtes Fleisch dazugeben und anbraten,
bis es leicht angebräunt ist.
Ananas, Ingwer und Chili dazu geben.
Mit Ananassaft ablöschen.
Kokosmilch dazu gießen.
Dazu Reis oder Fladenbrot reichen.

PLATZ 1: CHILI SIN CARNE
2 große Zwiebeln
2 Paprikaschoten
1 Glas Tomatensauce
2 Dosen Kidneybohnen

1 Glas Gemüsebrühe
Knoblauch
Chilipulver
Pfeffer, Salz
Tabasco
Paprikapulver edelsüß
275 Gramm Bulgur
Öl

Paprika und Zwiebeln in Würfel schneiden.
In einen Topf mit vorher erhitztem Öl anbraten und immer wieder umrühren.
Bohnen sorgfältig in einem Sieb abspülen.
Bohnen und die Tomatensoße zusammen mit dem Knoblauch dazugeben.
Gut umrühren und kurz darauf Bulgur hinzugeben.
Danach kann man meistens ganz gut einschätzen, wie viel Gemüsebrühe nun noch notwendig ist, damit zum Schluss kein dünner Brei dabei herauskommt. Die Zugabe von Gewürzen erfolgt nach Geschmack.
30 Minuten Garzeit, aber das sollte eigentlich jeder indi-viduell entscheiden, genauso wie den Einsatz von Chilipulver und Tabasco.
Dazu reicht man am besten Fladenbrot.

NOCH WAS SÜSSES OBEN DRAUF

*Der Schoko-Tassenkuchen mit flüssigem Nutella-Kern aus
der Mikrowelle ist superschnell gemacht und schmeckt sehr
lecker.*

4 Esslöffel Mehl
2 Esslöffel Kakao
5 Esslöffel Milch
2 Esslöffel Zucker
½ Teelöffel Backpulver
1 Prise Salz
1 Teelöffel Nutella

Alle Zutaten in einer größeren Tasse gut verrühren.
Mit einem Löffel in der Tassenmitte eine kleine Mulde
in den Teig drücken. Die Nutella hineingeben und
die Mulde wieder mit Teig verschließen.
In der Mikrowelle bei höchster Stufe ca. ein bis zwei
Minuten backen.

Liebe Muttis,

ich ernähre mich vegan, möchte aber daraus in meiner WG (hier wird alles gegessen) nicht so ein Ding machen. Anderseits kann ich mich nicht völlig verbiegen. Wie soll ich mich beispielsweise am WG-Abend verhalten, wenn es Chili gibt, und mein Mitbewohner Jonas meint, ich soll dann halt nur die Bohnen essen.

Nimm's am besten mit Humor. Entspannt bleiben

Du hast dich für den veganen Lebensstil entschieden, wunderbar! Das heißt aber nicht, dass du deinen fleischessenden Freunden ein schlechtes Gewissen einreden sollst.

Mache deine Mitbewohner neugierig

Veganes Essen kann superlecker sein. Lass deiner Kreativität freien Lauf mit frischen Kräutern und exotischen Gewürzen. Das macht neugierig und verführt zum Probieren.

Sei pragmatisch

Fahre in der Küche zweigleisig. Was für dich der Hauptgang ist, kann für den Steak-Fan zunächst die Beilage sein. Warum nicht? Vielleicht kommt er so auf den veganen Geschmack.

Inszeniere dein veganes Essen

Bloß kein eintöniges Grau in Grau. Dekoriere, kombiniere, schmücke den Tisch, denn das Auge isst mit. Und das freut auch fleischversessene Gäste.

Sei experimentierfreudig

Abwechslung führt den Reichtum der veganen Küche vor Augen. Schon mal Topinambur probiert? Zucchiniblüten? Tamarinden? Na, los doch. Deine Mitbewohner werden staunen – und Lust auf kulinarische Abenteuer bekommen.

Mogeln erlaubt

Benutze auch mal Fleischersatz auf Tofu- oder Seitan-Basis für dein Gulasch – es könnte sein, dass deine Mitbewohner den Unterschied gar nicht merken. Und total verblüfft sind, wenn du das Rätsel auflöst.

Sei ein guter Gastgeber

Besonders bei Feiern kann vegane Konsequenz ein Killer sein. Deshalb: immer schön locker bleiben. Schließlich fällt dir kein Zacken aus der Krone, wenn die Grillwürstchen neben dem Quinoa-Auflauf stehen. ⟸

Die WG fliegt aus

Alternativ zu DVD-Abend oder Spielerunde könnt ihr als WG auch mal was unternehmen. Das kann ein teamstiftendes Survival-Wochenende oder ein Abend in einem coolen Club sein. Muss es aber nicht. Wie wäre es mit einem Ausflug ins Grüne mit Lagerfeuerromantik? Dazu gibt's lecker Grillen, viele Geschichten und Hans-Jörg spielt Gitarre. Back To The Eighties!

Feuer machen – Safety first!
Eigentlich selbstverständlich: Auf keinen Fall im Wald Feuer machen und mindestens 100 Meter Abstand zu Waldflächen halten. Wo Feuer gemacht werden darf, ist in den einzelnen Bundesländern unterschiedlich geregelt. Wenn man auf Nummer sicher gehen will, sollte man vorher bei der Gemeinde nachfragen. Dort erfährt man auch die aktuelle Waldbrandstufe.

Der beste Untergrund für ein Feuer sind Sand- und Kiesflächen oder der blanke Erdboden.

Funken können weit fliegen. Daher kein Feuer in der Nähe leicht brennbarer Dinge machen (ausgetrocknete Wiese, Reetdach, Strohballen, Holzstapel o. ä.).

Möglichst eine windgeschützte Stelle für das Feuer suchen.

Ein Kreis aus Steinen verhindert das unkontrollierte Ausbreiten des Feuers und kann gut als Auflage für beispielsweise einen Grillrost dienen. Achtung: Keine nasse Steine verwenden, es besteht Explosionsgefahr. Am sichersten sind feuerfeste Ziegelsteine. Im Zweifelsfall anstelle des Steinrings eine flache Grube ausheben.

Niemals flüssige Brennstoffe als Anzündhilfe verwenden. Zum Anzünden des Feuers eignen sich trockene Gräser, Flechten, dünne Äste oder Zapfen. Wer nicht sammeln möchte, greift auf feste Grill- oder Kaminanzünder zurück. Auch der Verpackungskarton vom Sixpack ist gut geeignet. Pfadfindertipp: Birkenrinde brennt selbst in nassem Zustand mit großer Hitze.

Das Feuer niemals unbeaufsichtigt lassen und einen Eimer mit Wasser, Sand oder eine Löschdecke bereithalten.

Nach dem Löschen des Feuers durch Herumstochern mit einem Stock sicherstellen, dass sich keine Glutreste mehr in der Feuerstelle befinden.

Und hier unsere Grill-Tipps:

STOCKBROT UND RUSTIKALE PIZZA CALZONE

Stockbrot ist ein echter Lagerfeuer-Klassiker. Der Teig ist leicht vorzubereiten und das »Backen« macht einen Riesenspaß. Für die Basisversion knetet man einen Hefeteig aus 500 Gramm Mehl, einem Würfel Hefe (alternativ ein Päckchen Trockenhefe), ca. 250 Milliliter Milch oder Wasser, 100 Milliliter Öl (oder 100 Gramm Butter), einem Teelöffel

Salz und einer Prise Zucker. Mögt ihr es eher süß, nehmt Butter statt Öl und gebt noch ein Ei und ein Tütchen Vanillezucker zum Teig. Pikanter wird das Ganze, wenn man geschnittene Oliven, Kräuter, oder Schinken- bzw. Käsewürfel untermengt.

Die Zubereitung ist denkbar einfach: Eine Handvoll des Teigs wird um das Ende eines geraden, angespitzten Stocks geknetet. Dabei das Teigstück nicht durchstoßen – in die Öffnung kann später noch eine Füllung gegeben werden. Der Stock mit dem Teig wird dann einfach über die Flammen oder die Glut des Lagerfeuers gehalten, bis er fest ist. Nach dem Abziehen des Stockbrotes (Vorsicht, heiß!) kann es nach Belieben gefüllt werden: Marmelade oder Nutella für die süße Variante, Frischkäse oder ein Dip für die pikante Version.

Wer es raffinierter mag, sollte einen Grillrost über das Feuer legen und darauf die Cowboy-Variante einer Pizza Calzone backen. Aus dem gleichen Teig formt sich jeder ein dickes, rundes Stück und belegt es mit klein geschnittenem Gemüse, Käse, Schinken oder Ähnlichem. Zusammenklappen, verschließen und ab damit auf den Grillrost.

JETZT WIRD'S SPIESSIG

In der gut ausgestatteten Lagerfeuerküche sollten ein paar Metallspieße mit isoliertem Griff nicht fehlen – dünne Holzstöcke verbrennen zu schnell. Auf die Spieße können Fleisch- und Gemüsestückchen wie bei einem Schaschlik aufgespießt werden. Auch ein aufgespießter und mit Fett bestrichener Maiskolben bekommt über dem offenen Feuer einen echt kernigen Geschmack. Wenn man das Feuer etwas auseinanderzieht, kann man eine Glut-Ecke ohne offene Flammen schaffen. Das schützt vor schwarzen Stellen auf dem Essen.

DER LAGERFEUER-KOCHTOPF: ALUMINIUMFOLIE

Alufolie hat nicht den besten Ruf, eignet sich aber optimal fürs Garen im Feuer. Da muss jeder für sich selbst entscheiden, ob er die Folie nutzen will oder nicht. Genau wie auf einem Grill kann fast alles (in Alufolie gewickelt) in der Glut des Feuers gegart werden: Fisch, Fleisch, Gemüse oder Kartoffeln.

NACHTISCH MAL ANDERS

Auch hier gibt es einen Klassiker: Marshmallows. Diese sogenannte Schaumzuckermasse entwickelt am Spieß über dem Feuer gegrillt einen ganz eigenen Geschmack. Die Konsistenz ist außen knusprig und innen schaumig-zuckrig, fast wie Zabaione. Sehr süß. Sehr lecker!

+ + + + + + LIFE HACK + + + + + +

HÄHNCHEN GRILLEN UND BIER TRINKEN

Hähnchen unter klarem Wasser abspülen, mit Olivenöl einreiben, anschließend das Hähnchengewürz darauf verteilen. Bierdose öffnen, einen guten Schluck nehmen und dann das Hähnchen mit dem Popo zuerst auf die Dose stülpen, so dass es aufrecht darauf sitzt. Das Ganze auf die Bratenschale setzen und ab auf den Grill. Habt ihr einen Kugelgrill? Prima. Dann Deckel schließen.

+ + +

GRILLEN FÜR VEGGIS

Ihr braucht rote Paprika, Schafskäse, Olivenöl (auf 200 Gramm Schafskäse zwei bis drei Esslöffel Öl), Salz, Pfeffer, Kräuter nach Geschmack. Paprika waschen, Stil und Kerngehäuse entfernen. Den Schafskäse mit einer Gabel zerdrücken und mit dem Öl und den Gewürzen mischen, bis eine frischkäseartige Konsistenz entsteht. Mit der Schafskäsemischung die Paprika füllen, in Alufolie wickeln und in die Grillglut zu den ebenfalls in Alufolie eingewickelten Kartoffeln legen. Die Kartoffeln können vorgekocht sein, dann brauchen sie nicht so lange garen.

+ + +

GEGRILLTE BANANEN

Die Banane in der Schale auf den Grill legen (geht am besten, wenn der Grill nicht mehr ganz so heiß ist) und auf beiden Seiten schwarz grillen. Das Fruchtfleisch muss heiß und fast etwas matschig sein. Die Banane dann mit einem scharfen Messer aufschneiden und auslöffeln. Dazu passt Vanilleeis.

+ + + + + + + + + + + + + + +

Das Beste an WGs sind WG-Partys. Manchen ist es zu viel Aufwand, manchen ist es zu viel Dreck, den man am nächsten Morgen putzen muss, ich sage: Das ist es alles wert. Die WG lebt erst dann richtig, wenn die Badewanne einmal als Bierkühler zweckentfremdet wurde, jemand Sex auf der Waschmaschine hatte und in der Küche nachts um drei angetrunkene Menschen tiefsinnigste Gespräche führen. Außerdem: Wer eine WG-Party ausrichtet, hat den kürzesten Weg ins Bett, kann bei Bedarf eine bequeme Jogginghose anziehen und hat am nächsten Morgen noch einmal Spaß, falls er Freunde hat, die einen Sport daraus gemacht haben, Dinge vom Süßigkeitenbuffet an unmöglichen Orten zu verstecken oder unvorsichtigerweise eingeloggte Laptops dazu zu benutzen, dich auf lustigen Websites anzumelden. Ich bekomme jedenfalls seit unserer WG-Einweihungsparty wunderschöne Mails von der Seite finde-deine-innere-schönheit.de

MOTTOS FÜR DIE WG-PARTY AKA ES BRAUCHT NICHT NOCH MEHR BAD-TASTE-PARTYS

Mexikanische Fiesta: überall buntes Krepp-Papier, eine Pinada in Einhornform, auf die jeder mal draufhauen darf, bis Bonbons rauskommen – hier werden der Sombrero aufgesetzt und die Margharita-Gläser geschwungen, bis es wieder hell wird.

Plötzlich Prinzessin: im Internet irgendwo eine Wagenladung billige Plastik-Krönchen bestellen, an alle eintreffenden Gäste verteilen, als Verpflegung einen Ferrero-Rocher-Turm bauen und ausschließlich goldene Dekoration verwenden. *And they lived happily ever after.*

Kindergeburtstag: Jeder darf die Latzhose, das alte Donald Duck-Shirt, Schnullerketten, Haarreifen mit Schmetterlingen und die Schmusedecke rausholen. Zu Essen gibt es Kindergeburtstagsklassiker wie die Benjamin-Blümchen-Torte, Fischstäbchen, Pommes und diese langen Gummischlangen, die nach Erdbeere schmecken. Vielleicht darf das Partyvolk auch noch Muffins verzieren und wenn ihr es euren Gästen so richtig geben wollt, muss jeder am Basteltisch ein Fensterbild ausschneiden. Der Fuchs geht rum, der Fuchs geht rum ...

I'm glad I'm not: Kommt als das, was ihr auf keinen Fall werden wollt oder von dem ihr froh seid, dass der Kelch an euch vorüber gegangen ist. Golfspieler, Trophy Wife, Mega-Öko, euer Großonkel Gunther, Nerd, Hipster, Eltern, Steuerberater ... Eine Party wie eine Therapiestunde. Um Mitternacht schwenkt jeder eine Wunderkerze und dankt dem Schicksal.

Be Emoji: Jeder kommt als Emoji. Als Partnerkostüme bieten sich die beiden Tänzerinnen mit den Bunny-Ohren oder die drei Äffchen an. Richtig Kreative können sich auch an der Hummel, dem Hähnchenschenkel oder dem schwarzen Loch versuchen.

Die Kunst lebt!: Jeder kommt als berühmtes Gemälde. Aufwändig und wahrscheinlich nur für die Kunsthistorikerfachschaft wirklich ein Brüller.

Willkommen im Altersheim: Rollatoren, mit Tonnen von Trockenshampoo graugesprayte Haare, Kittelschürzen, ausgeleierte Cordhosen, Lesebrillen und auf dem Buffet Frankfurter Kranz. Darauf ein Verdauungsschnäpschen!

Du bist, was du trinkst: Jeder überlege sich, was er am liebsten trinkt und ziehe sich dann als jemand an, der eben das typischerweise als Lieblingsgetränk hat. Manhattan-Trinkerinnen kommen als Carrie Bradshaw, Jack Daniels-Verfechter als Cowboy, Gin-Enthusiasten als britische Gentlemen/Ladies – und Wodka Ahoi-Liebhaber als Teenager.

Überrasche den Pizzaboten: Hängt ein »Surprise!«-Schild auf, wedelt mit Federboas und bewaffnet euch mit Konfetti ... Und dann bestellt eine Pizza. Wenn der Pizzabote kommt, einfach »Überraschung!« rufen, ihm auf die Schultern klopfen, einen Muffin anbieten, was auch immer. Da ihr viele seid und eine Pizza euch nicht satt macht, kann das beliebig oft wiederholt werden, sofern ihr im Umkreis einiger Pizzerien wohnt.

Powerpoint-Party: Jeder Gast muss eine Präsentation vorbereiten, Thema egal, Bildmaterial erwünscht. USB-Sticks nicht vergessen.

Alles außer Gläser: Jeder Gast bringt sein eigenes Trinkgefäß mit. Bedingung: Es wurde nicht ursprünglich als Trinkgefäß gedacht. Schüsseln, Wikingerhelme, Hundenäpfe (hoffentlich neu) ...

I shouln't be here: Zieht euch an, als hättet ihr eigentlich etwas ganz anderes vor. Tauchanzug, Bauarbeiterkleidung, Schlafanzug, Konfirmationsanzug, Imker-Outfit ...

Liebe Muttis,
Aylin möchte am liebsten das ganze Semester
auf Facebook einladen, Saskia nur ihre
Referatsgruppe und ein paar von den
Uralt-Freunden aus ihrer Heimat. Ida hat
Mega-Stress mit Max, den aber Jessica »dringend« einladen
MUSS, weil er der heiße Draht zu Tarek, ihre augenblickliche
Flamme, ist. OMG, wir scheitern schon an der Gästeliste!

Beginnen wir mal mit Statistik. Faustregel ist: ein Gast pro (freiem!) Quadratmeter. Dabei dürft ihr aber trotzdem großzügig planen, denn im Normalfall sagen ca. ein Drittel der Gäste ab. Wenn ihr Übernachtungsgäste habt, dann plant auch deren Gepäck ein.

Ansonsten vertraut eurem Gefühl, wer passt zusammen, wer macht Stimmung, wer eher Probleme?

Vielleicht etwas oldfashioned, aber vor allem bei unterschiedlichen Bekanntenkreisen ganz hilfreich: Stellt die Gäste untereinander kurz vor. Das könnt ihr während des Partybetriebs machen oder auch gerne mal am Anfang mit einer kleinen Rede. Dabei könnt ihr kurz etwas Nettes über jeden Gast sagen oder auch eine Gruppe charakterisieren: »Da drüben schon kräftig am Buffet meine Sandkastenfreunde, die auch damals keinen Kuchen ausließen ...«

Die Frag-Mutti-Bar
Unsere Lieblingsgetränke

BIER MAL ANDERS

Ihr braucht zum Feiern keinen Alkohol. Der neue Party-Trend heißt »Detoxnight«. Statt mit Bier wird mit Reismilch-Saft angestoßen. Damit die Umstellung nicht ganz so krass wird, hier schon mal ein paar Variationen des Lieblingspartygetränks zum Antesten.

ALTBIERBOWLE

250 Gramm Erdbeeren putzen und kleinschneiden, mit *Zuckersirup* (4 Esslöffel Zucker mit 250 Milliliter Wasser aufkochen und abkühlen lassen) übergießen. Verdünnter Himbeersirup geht auch, das Ganze mit 1 Liter kaltem Altbier aufgießen.

JOGHURT-BIER

Bier und *Frucht-Trinkjoghurt* (z. B. Erdbeere) zu gleichen Teilen in ein Bierglas geben.

RITTERBIER

dunkles Bier oder *Exportbier* mit
Met (Honigwein) im Verhältnis 3:1 mischen

Übrigens: Das geht auch alles mit alkoholfreiem Bier!

+ + + + + + LiFE 💡 HACK + + + + + +

EIN KÜHLES, BITTE!

Zu wenig Kühlschrank für zu viel Bier? Badewanne (oder Plastikwanne) mit Wasser befüllen, Kühl-Eis von der Tanke holen und am besten schon morgens die Getränke zu Wasser lassen.

+ + +

43ER MIT ORANGENSAFT

Der Party-Klassiker statt mit Milch mal mit O-Saft:
2 cl Likör (Likör 43) ins Glas füllen und mit
6 cl Orangensaft auffüllen.
Noch süßer wird's mit Vanillezucker und noch frischer mit Eiswürfeln.

+ + +

TK-FRÜCHTE-DRINKS

Tiefkühlfrüchte sind eine fruchtige Alternative zu Eiswürfeln und peppen Sekt, Gin & Co. nicht nur farblich auf, sondern liefern auch gleich noch eine Menge Geschmack. Funktioniert am besten mit Beerenfrüchten wie Himbeeren, Erdbeeren etc. Und eisgekühlt schmeckt der Drink gleich nochmal so gut.

+ + + + + + + + + + + + + + +

2017er Wein-Genuss

Macht eure WG zum Weingut! Was ihr dazu braucht, sind in erster Linie gute Früchte und ein bisschen Geduld. Die Grundlage eines Fruchtweines sind Früchte und Zucker, wobei die meisten Fruchtsorten schon einen Teil des notwendigen Zuckers enthalten. Der Wein kann aus fast allen Fruchtsorten hergestellt werden. Gängige Sorten sind

 Kirschen, Erdbeeren oder Brombeeren, aber auch Rhabarber, Bananen oder Orangen kann man zur Weinherstellung verwenden. Nehmt die Obstsorten, die gerade reifen, dann ist der Geschmack am aromatischsten. Die Früchte müssen sehr reif sein, aber auch tadellos in der Qualität.

Fürs Weinmachen benötigt ihr:
- 1 Gärbehälter (Glasballon) mit einem Göraufsatz
- Küchenwaage
- Küchenmesser
- 1 Schüssel/1 Eimer
- 1 Stampfer zum Zerdrücken der Früchte
- Flaschen zum Abfüllen
- Leinensack, Leintuch/Baumwolltuch
- 1 Kunststoffschlauch

In der Regel sind die Rezepte für Obst- und Fruchtweine auf 10 Liter ausgerichtet. Das heißt: 10 Liter Weinansatz ergeben etwa 5 Liter Wein.

- 3,5 Liter Wasser
- 6 Kilogramm Obst z. B. Erdbeeren
- 2,5 Kilogramm Zucker
- 30 Gramm Milchsäure
- 10 Milliliter Antigel
- 1 Reinzuchthefe für Kultur-Portwein
- 1 Gramm Kaliumdisulfit
- 5 Hefenährsalz-Tabletten
- 0,24 l Apfelsaft

Die Zutaten und das Zubehör bekommt ihr übers Internet, aber auch in Gartencentern oder Haushaltswarengeschäften.

Und so geht's:
Die Reinzuchthefe wird ein paar Tage vor der Weinzubereitung in einem viertel Liter Apfelsaft vermehrt.

Erdbeeren sehr gut waschen und abtropfen lassen, von den grünen Blättern und Stielen befreien und halbieren.

Aus Wasser und Zucker eine Lösung herstellen.

Nun die Erdbeeren vorsichtig zu einem Obstbrei (Maische) zerdrücken.

Die Maische mit der Zucker-Wasser-Lösung, dem Hefenährsalz, der Milchsäure, dem Kaliumdisulfit und dem Antigel in den Gärbehälter geben. Dazu kommt die vorbereitete und vermehrte Reinzuchthefe. Der Gärbehälter darf nur bis zur Hälfte mit dem Gäransatz befüllt werden, da die Maische während des Gärprozesses ansteigt. Den Gärbehälter verschließt ihr mit dem Gäraufsatz und stellt ihn an einen warmen Platz.

Jetzt kommt viel Geduld dazu.

Nach etwa sieben bis zehn Tagen wird die Maische in einen Leinensack geschüttet und über einem Eimer ausgepresst. Dann füllt ihr den so gewonnen Saft in den zuvor gereinigten Gärbehälter und verschließt ihn wieder mit dem Gäraufsatz. Das Ganze muss dann noch einmal für etwa zwei Wochen kühl stehen (z. B. im Keller).

Nach den zwei Wochen hat sich ein Satz am Boden des Gefäßes gebildet, und der Wein muss davon »abgezogen« werden. Dazu lasst ihr den Wein mit einem sauberen Kunststoffschlauch in ein tiefer stehendes sauberes Gefäß fließen. Der Bodensatz darf dabei nicht aufgewirbelt werden und wird dann entsorgt. Nach Bedarf könnt ihr mit einer Zucker-Wasser-Lösung etwas nachsüßen.

Sollte der Wein nicht von alleine klar werden, könnt ihr ihn durch die Zugabe von Kieselsol klären oder durch ein Tuch filtern.

Den Erdbeerwein solltet ihr möglichst dunkel und kühl lagern und innerhalb einiger Monate trinken. Durch einen niedrigeren Alkoholgehalt und leicht flüchtige Aromastoffe ist seine Lagerzeit begrenzt. Die Zubereitung von Obst- und Fruchtwein bei Verwendung anderer Früchte kann variieren, Rezepte zu jeder Obstsorte gibt's im Netz.

Und wenn der neue Jahrgang trinkfertig in Flaschen abgefüllt ist, veranstaltet ihr ein fröhliches Weinfest.

Muttis Party-Lieblinge

MUTTI OLÉ: HOT-TACO-SALAT

500 Gramm Hackfleisch anbraten und mit *Taco-Gewürzmischung* würzen, die *Salsasauce* (gibt's fertig zu kaufen) dazugeben und dann abkühlen lassen

Eisbergsalat putzen und in Streifen schneiden

Tomaten, Salatgurke und Paprikaschote kleinschneiden und mit dem Salat in eine Schüssel schichten. Das fertige Hackfleisch darüber geben

1 Dose Kidneybohnen und

1 Dose Mais in ein Sieb geben, abtropfen lassen und dazugeben

Crème fraiche, Schmand und saure Sahne in einer Schüssel mischen und

1 Packung geriebenen Käse und

1 Packung Taco-Chips (scharf und zerkleinert) zum Abschluss darauf verteilen.

PARTYSUPPE À LA MAMA

2 große Zwiebeln klein schneiden
500 Gramm Rinderhack (für Veggis: Tofu) mit den Zwiebeln
in etwas Öl anbraten, mit
Salz, Pfeffer, Paprika und *Knoblauchgranulat* würzen
1 rote und grüne Paprika klein schneiden, zum Hack geben
und noch etwas mitbraten
1 große Dose geschälte Tomaten klein schneiden,
2 Dosen Kidneybohnen in ein Sieb geben und abtropfen
lassen,
1 große Dose weiße Bohnen zusammen mit den Tomaten
zum Hackgemisch geben
1 l Gemüsebrühe (Instant) anrühren und dazu geben
mit *Pul Biber* (scharf) abschmecken.

MUTTIS SCHNECKEN

Fertigen Blätterteig aus dem Kühlregal ausrollen mit
Frischkäse bestreichen und mit
Kräutern und
geriebenem Käse belegen und aufrollen
in ca. 1 Zentimeter breite Scheiben schneiden und auf
Backpapier legen. Bei 200 Grad ca. 20 Minuten goldgelb
backen.
Alternativ kann der Belag auch aus Lachs, gekochtem
Schinken, gewürfeltem Speck, kleingeschnittenem Lauch,
Tomaten, Karpern und, und, und bestehen.

BEST WORSCHT ON PARTY
Selbstgemachte Currywurst für rund 40 Leute

Für die *Soße*:
1 Glas Pflaumen ohne Steine in
1 Liter Cola ca. 1 Stunde köcheln, anschließend gut pürieren
1 Glas feines Apfelmus
2 Dosen oder Tetrapacks passierte Tomaten
1 Flasche Tomaten-Ketchup 500 Milliliter mit Currypulver
und
ca. 5 Esslöffel Worcestersauce würzen, Salz, Pfeffer
Bei Bedarf mit Wasser verdünnen und/oder mit Tomatenmark verdicken

Die Currywürste (i. d. R. Oberländer) in der Pfanne anbraten, etwas abkühlen lassen und noch warm in ca. ein Zentimeter dicke Stücke schneiden. Anschließend in die Soße
geben.

Fürs Anrichten besorgt ihr euch verschiedene scharfe
Currypulver, die eure Gäste dann frei wählen können. Nicht
vergessen: Papierschälchen, Holzgäbelchen und Brötchen
besorgen, sonst ist's nicht authentisch.

+ + +

MAL ETWAS GESUNDES?

Fettig, fleischig, fies-süß – um dem allseits vorherrschenden Partygeschmack mal etwas entgegenzusetzen hier ein super-leckerer, super-einfacher Party-Salat. Quinoa – das sind Samen, die aus Südamerika kommen. Sie sind mega gesund, und es gibt sie inzwischen in jedem gut sortierten Lebensmittelmarkt.

300 Gramm Quinoa waschen und mit der doppelten Menge Wasser kurz aufkochen und ca. 15 Minuten lang quellen lassen
2 rote Paprika
1 Zucchini
12 Cocktailtomaten
1 Bund Petersilie
2 Lauchzwiebeln
2 Knoblauchzehen alles klein schneiden bzw. würfeln (Knoblauchzehen fein hacken). Zusammen mit dem Olivenöl unter das abgekühlte Quinoa mischen, mit
1 TL Cous Cous-Gewürzmischung und mit
Pfeffer und Salz abschmecken. Zwei Stunden abgedeckt ziehen lassen und genießen.

Muttis Party-Tipps

 + + + + + + LIFE HACK + + + + + +

DAS RETRO-BÜFETT

Das, was bei Oma auf der Anrichte stand, ist heute wieder der absolute Hit. Da sind zuallererst die Igels: aus Mett geformte Tierchen mit Zwiebel-Stacheln oder als leckere Käse-Trauben-Spieße in einen mit Alufolie umwickelten Weißkohlkopf gesteckt. Aber auch Schinkenspargelröllchen, Toast Hawaii, gefüllte Eier und Pumpernickelhäppchen sorgen für den nötigen Groove. Ganz viel davon in: »Dr. Oetker Rezeptbuch, Die Kalte Küche«, 1964

 + + +

POTLUCK – JEDER BRINGT ETWAS MIT

Das beste Partykonzept ever. Wenn ihr nicht fünf Nudelsalate oder sieben Tiramisu haben möchtet, sagt den Leuten vorher, was sie mitbringen sollen. Hat eure Party ein Motto, dann könnt ihr auch eure Speisewünsche daran anpassen. Oder ihr lasst euch vom Einfallsreichtum eurer Gäste überraschen.

 + + +

BÜFETT DEZENTRALISIEREN

Da, wo das Essen steht, ist die Party. Wenn ihr das Büfett strategisch aufbaut, also an mehreren Stellen in der Wohnung verteilt, kommt Bewegung in die Bude.

+ + +

PLATZ FÜRS BÜFETT

Fehlt euch der Platz fürs Essen? Hebt eure Türen aus den Angeln (vielleicht nicht unbedingt die Badezimmertür), legt sie auf zwei Holzböcke (ihr könnt auch Stühle dazu umfunktionieren, wenn es eine Stehparty ist), ein bisschen Stoff drüber und ihr habt das perfekte Büfett.

+ + + + + + + + + + + + + + +

Liebe Muttis,
wir planen unsere erste WG-Party, haben aber
alle (wir sind zu fünft) einen total unterschied-
lichen Musikgeschmack. Von Elektro, House
über Dance, HipHop bis hin zu Deutsch-Rap
und Heavy Metal ist alles dabei. Auch Marc
Forster. Wie passt das zusammen?

Das ist doch super, darauf könnt ihr aufbauen. Denn nichts ist öder, als wenn die ganze Zeit die gleiche Musik läuft oder sich jemand hinter dem Plattenteller mit seinem besonderen Musikgeschmack selbstverwirklicht. Die Mischung macht's, zwischen alt und neu, Indie- und Popmusik. Stellt eine gemeinsame Playlist auf, in die jeder etwas einbringt. Einzige Voraussetzung: Es muss irgendwie tanzbar sein.

Wenn du eine Facebook-Veranstaltung erstellt hast, kannst

du alle Eingeladenen bitten, einen oder mehrere ihrer Lieblingslieder in die Gruppe zu posten. Allerdings würde ich dir raten, nie die Musikhoheit abzugeben oder sie allenfalls an einen Verantwortlichen (z. B. einen DJ, den aber auch vorher testen!) zu delegieren. Viele Köche am Musikteller verderben die Stimmung. ⟵

+ + + + + + LiFE 💡 HACK + + + + + +

BESTER SOUND
Stellt eure Boxen in Wandnähe auf, das sorgt für den besten Klang. Unterstützen könnt ihr das noch, wenn ihr Fenster und Wände mit Stoff bekleidet. In Rosa beispielsweise für die Plötzlich-Prinzessin-Party.

+ + + + + + + + + + + + + + + +

Liebe Muttis,
meine letzte WG befand sich über einer Auto-
vermietung, wir waren die einzigen Woh-
nungsmieter im Haus, und wir konnten endlos
feiern. Jetzt bin ich mit drei Mädels in eine Alt-
bauwohnung in der City gezogen, und Frau Kleber unter uns
hat uns schon am Einzugstag freundlich aber nachträglich
darauf hingewiesen, dass der Schallschutz im Haus sehr zu
wünschen übrig ließe. Können wir trotzdem richtig feiern?

Es gibt kein Recht auf Party, leider. Auch nicht einmal im Jahr oder wenn ihr heiratet. Zwischen 22 und sechs Uhr oder auch sieben Uhr herrscht streng genommen Nachtruhe, so dass der Geräuschpegel in dieser Zeit auf Zimmerlautstärke heruntergeschraubt werden muss. In der Praxis klappt das, wenn die Party so richtig im Gang ist, meist weniger – lauter Musik und stimmungsfrohen Gästen sei Dank.

Am besten du holst deine Nachbarn gleich mit ins Boot, bzw. lädst sie ein zum Mitfeiern – oder im Fall von Frau Kleber vielleicht besser – warnst sie rechtzeitig vor, damit sie über Fluchtmöglichkeiten nachdenken können. So merken eure Nachbarn, dass sie euch nicht egal sind, und werden viel eher bereit sein, ihre Nachtruhe zu opfern. Das funktioniert natürlich nur, wenn ihr nicht jede Woche eine WG-Party veranstaltet. Oder wenn sich kein absoluter Betonkopf in eurer Nachbarschaft befindet.

Steht dennoch die Polizei irgendwann vor der Tür, solltet ihr möglichst schnell dafür sorgen, die Bude leise zu bekommen. Klappt das nämlich auch nach mehrmaliger Aufforderung nicht, kann die Polizei die Party sprengen, indem sie die Musikanlage konfisziert oder laute Gäste »der Party verweist«. ⇐

Hier zwei Vorwarn-Flyer. Der eine kommt von einer gemischten Vierer-WG aus Tübingen, die andere Vorlage haben drei Darmstädter Maschinenbaustudenten entworfen.

Liebe Nachbarn,

wir feiern am .... eine kleine, also wirklich nur klitzekleine Party. Wir bitten um Nachsicht, falls es ein bisschen lauter wird und sind im Ernstfall auch zur Ohropax-Spende bereit. Am allerbesten kommt Ihr aber einfach vorbei und feiert mit – wir sind uns sicher, mit Euch Zierden dieses Hauses wird es nur noch schöner.

Wir hoffen also auf Euch, Eure Feierlust, Eure tauben Ohren und Eure großen, goldenen Herzen!

Eure ....

P. S. Die Pralinen in der Schale unter diesem Zettel sind für Euch. Eiskalter Bestechungsversuch, bitte bedienen.

Liebe Nachbarin, lieber Nachbar,

wir feiern in unserer WG im __ Stock am _____ ab _____.

Als leidtragender Nachbar sind Sie hierzu herzlich auf ein Bier eingeladen! Bitte folgenden Abschnitt abtrennen, ausfüllen und in unseren Briefkasten werfen:

✂ ·

Name: _____

Ich werde gerne vorbeikommen: ❏　Ja / ❏　Nein

Falls nein:
❏　Ich hätte gerne kostenlose Ohrenstöpsel
　　(benötigte Anzahl: _____)

❏　## Ich werde an diesem Abend gar nicht zu Hause sein!

❏　Ich melde mich, falls es mir zu laut wird.

+ + + + + + LIFE  HACK + + + + + +

INTIMES UND KOSTBARES

Das klingt jetzt vielleicht etwas paranoid. Aber wenn ihr eine Party mit mehr Menschen als bei euch um den Küchentisch passen veranstaltet, rettet eure Wertsachen, und alles, was euch am Herzen liegt, und verwahrt sie an einem sicheren Ort. Auch wenn ihr eure Semesterarbeit nicht dazuzählt, legt sie trotzdem dorthin. Verschließt oder verbarrikadiert Zimmer, die keine Partymeile werden sollen. Bei uns haben sich mal »nette« Gäste zu fortgeschrittener Stunde mit dem Tagebuch einer verreisten Mitbewohnerin köstlich amüsiert. Als wir es merkten, hatten sie schon das Best-of auf Instagramm gepostet.

+ + +

GESCHICHTE WIRD GEMACHT!

Die ersten Gäste kommen gleich, der sonst langweilige Gemeinschaftsraum hat sich zur chilligen Partylounge gemausert, die Häppchen auf dem Büfett lächeln euch entgegen, die Musik wabert noch leise im Hintergrund. Das ist der Moment. Das ist euer gemeinsamer WG-Moment! Stoßt an auf die rauschende Nacht, die vor euch liegt, die in eurer Erinnerung bleiben wird, an die ihr euch auch noch in einigen Jahren erinnert werdet: Weißt du noch, damals ...?

+ + + + + + + + + + + + + + +

Muttis Party-Spiele

SIGNATURE MOVE

Alle Spielteilnehmer sitzen im Kreis, und jeder muss sich einen sogenannten Signature Move überlegen, z. B. sich an den Kopf fassen, eine Grimasse schneiden oder sonst eine einprägsame Bewegung vollführen. Anschließend machen alle nacheinander ihren Signature Move vor, und jeder Mitspieler versucht, sich die Bewegungen der anderen zu merken. Dann wird zu »We Will Rock You« im Takt geklatscht. Der erste, zuvor bestimmte, Mitspieler ersetzt in der zweiten Runde das Klatschen durch seinen Signature Move und wählt danach die Bewegung eines der anderen Mitspieler aus. Dieser muss als nächstes erst seinen eigenen Signature Move ausführen und dann wiederum den eines weiteren Mitspielers. Dabei ist es wichtig, dass die Bewegung zeitlich mit dem sonst üblichen Klatschen übereinstimmt.

Alle anderen Mitspieler klatschen weiter im Takt zu dem Song und werden dabei immer schneller. Wenn jemand einen Fehler macht (z. B. Geste vollführen, die es gar nicht gibt; aus dem Takt geraten), scheidet dieser Mitspieler aus. Im K. O.-System geht es dann weiter. Lachkrampf garantiert!

FINDE DIE SAU

Als »Sau« werden im Fränkischen die Asse eines Karten-
spiels genannt. In diesem Trinkspiel werden die Karten gemischt und verdeckt in die Mitte gelegt. Der Spieler links
vom Geber fängt an. Er zieht eine Karte. Ist es eine Sau, muss
er ein Stamperl Bier trinken und ist wieder mit dem Ziehen
einer Karte dran. Ist es keine Sau, ist der nächste an der
Reihe und muss ziehen.

Jeder Mitspieler verfügt über drei Joker, die er vor dem
Ziehen ausspielen kann. Die Joker sind:

1. Er kann jemanden bestimmen, der als Nächster eine
    Karte ziehen muss.
2. Er kann schieben (also die/der Nächste ist an der
    Reihe).
3. Er kann jemanden fragen, ob dieser denkt, dass sein
    nächster Zug eine Sau ist.

Sagt der Gefragte nein, die gezogene Karte ist aber eine Sau,
müssen beide ein Schnapsglas trinken. Sagt er Ja, und der
Spieler zieht eine Sau, muss der Spieler zwei trinken.

Eine Spielrunde geht solange, bis alle Sauen im Karten-
spiel gezogen wurden.

Das Spiel macht besonders Spaß, weil du gut taktieren
musst und deine Joker nicht gleich am Anfang verballern
solltest. Allerdings macht gerade das Taktieren mit der Zeit
immer größere Schwierigkeiten.

BÜRGER VON PALERMO

Für dieses Partyspiel benötigt man mindestens acht Personen. Es werden kleine Zettel vorbereitet für die normalen Bürger («B»), Mörder (1 oder 2 Personen je nach Anzahl der Mitspieler, «M»), Detektive (1 oder 2 Personen je nach Anzahl der Mitspieler, «D»).

Dann setzt man sich zusammen und bestimmt einen Spielleiter (der in jeder Runde wechseln kann). Dieser Spielleiter lässt jeden Mitspieler einen Zettel ziehen. Ob man Bürger, Mörder oder Detektiv ist, bleibt für die anderen Mitspieler geheim. Dann kann das Spiel beginnen.

Der Spielleiter sagt »Es wird Nacht in Palermo, und alle schließen die Augen«. Wenn der Spielleiter sich davon überzeugt hat, dass alle Mitspieler die Augen geschlossen haben, sagt er »Die Mörder wachen auf«. Nun öffnen diejenigen die Augen, auf deren Zettel »M« für Mörder steht. Spielen zwei der Mitspieler als Mörder, stellen sie nun fest, wer ihr Partner ist. Dann wählen sie gemeinsam ein Opfer aus, ohne dass die anderen Mitspieler außer dem Spielleiter etwas davon mitbekommen (ganz wichtig!). Dann sagt der Spielleiter: »Die Mörder schließen die Augen«.

Wenn die Mörder wieder ruhig schlafen, verkündet der Spielleiter: »Die Detektive öffnen die Augen«. Sie wählen gemeinsam einen Verdächtigen aus und zeigen auf ihn. Der Spielleiter muss den Detektiven nun unauffällig mitteilen, ob die gewählte Person ein Mörder ist. Anschließend fordert der Spielleiter: »Die Detektive schließen die Augen«.

Nun sagt der Spielleiter »Es wird Tag in Palermo, alle Mitspieler öffnen die Augen, und Freddy ist tot« (oder wer eben gerade ermordet wurde). Diese Person scheidet dann sofort aus. Nun beginnt eine offene Diskussion, wer die Mörder sind. Die Mörder werden versuchen, andere Personen zu beschuldigen, die Detektive kennen eventuell schon einen Mörder und müssen die anderen Mitspieler von ihrer Theorie überzeugen, *ohne* bekannt zu geben, dass sie Detektive sind. Entscheidend ist eigentlich, wie gut ein Mörder andere Personen anlügen und manipulieren kann und dabei trotzdem cool bleibt. Nachdem von den Mitspielern einige Personen als Mörder vorgeschlagen wurden, greift der Spielleiter wieder ein und lässt über die nominierten Personen abstimmen. Die Person mit den meisten Stimmen scheidet aus. Ob diese Person Mörder, Detektiv oder ein normaler Bürger war, wird da noch nicht verraten.

Die zweite Runde beginnt, wenn der Spielleiter sagt: »Es wird Nacht in Palermo, und alle schließen die Augen«. Ausgeschiedene Personen brauchen die Augen natürlich nicht mehr zu schließen. Sie haben zusammen mit dem Spielleiter am meisten Spaß bei der Suche nach den Mördern von Palermo. Das Spiel ist zu Ende, wenn alle Mörder ausgeschieden sind (dann haben die Bürger und Detektive gewonnen) oder wenn die Mörder alle Bürger und Detektive umgebracht haben. Der Spielleiter sollte, selbst wenn alle Mörder tot sind, eine weitere Runde spielen. Am Ende der Runde kann er dann sagen: »Es wird Tag in Palermo und niemand ist tot.«

Muttis After-Hour

Liebe Muttis,
es ist immer dasselbe. Die allermeisten Gäste,
darunter auch alle meine lieben WG-Mitbe-
wohner, haben sich mit unterschiedlichen
Zielen von der Party verabschiedet, und ich
sitze mit einem armen Häufchen Heimatloser in unserer
Küche, bin sterbensmüde und will nur noch ins Bett.
Wie komme ich endlich dahin?

»Es war schön mit euch, aber ich möchte jetzt alleine sein«
oder geh einfach, wenn du diesem Party-Rest nichts Krimi-
nelles zutraust. Du kannst ihnen ja den Fernseher anmachen. Eher militante Kehraus-Methoden sind: Drück ihnen
eine volle Mülltüte oder den Spüllappen in die Hand, reiß
die Fenster auf (im Winter) oder sag, du würdest jetzt live auf
deinem YouTube-Channel von der After-Party aus der WG-
Küche berichten.

Freddy
Feier

In unserem Kühlschrank ist zugegebenermaßen sehr wenig, das wirklich mir gehört und sehr viel, das ich trotzdem esse. Einen Schatz allerdings hüte ich darin, der unangetastet bleiben muss und es bisher auch bleibt, wobei es auch daran liegen kann, dass es die anderen so eklig finden. Und zwar lagert da immer eine Dose Anchovis als Anker in der Not. Für alle, die nicht wissen, was das ist: Das sind kleine Fische, in irgendwas furchtbar Salziges eingelegt und vor allem ist es das beste Katerfrühstück der Welt. Ihr könnt mir vertrauen, ich hab schon alles probiert. Wer einen Kater hat, soll salzig essen, darum essen in schlechten Filmen dann auch alle Hering. Aber das ist für Anfänger, denn Anchovis sind die absolute Steigerung von salzig. Zudem saugt bekanntlich Fett Alkohol auf und Anchovis haben ganz tolle Fettsäuren, sagt das Internet. Außerdem soll man leicht essen und darum mache ich mir … Trommelwirbel …. Anchovis-Toast. Toast toasten, Anchovis drauf und essen. Ich sage nicht, dass es gut schmeckt. Ich sage nicht, dass es schön aussieht. Ich sage nur, dass es hilft. Und die Kommentare von Chrissi (»IIIIIIIIIIIIIIHHHHHH«), Larissa (»Magst du nicht lieber was von meinem Lindenblütentee?«) und Paul (»Das kommt davon, wenn du immer alles so unsystematisch durcheinandertrinkst«) höre ich über das Kauen von knusprigem Toast hinweg sowieso kaum. Perfekt.

Katerfrühstück

Ein Katerfrühstück besteht klassischerweise aus saurem, geräuchertem oder eingelegtem Fisch, wie z. B. Bismarckhering oder Rollmops. Durch den salzigen Geschmack und das dadurch ausgelöste Durstgefühl wird das Trinken animiert. Das Katerfrühstück wirkt also indirekt dem durch den Alkoholkonsum hervorgerufenen Flüssigkeitsmangel entgegen. Auch Speisen wie Rührei mit Krabben, Oliven oder Kräutern, herzhaft gefüllte Pizzataschen oder Fleischgerichte haben diesen Effekt.

Allerdings mag es auch Zustände geben, die erstmal keine Essensaufnahme zulassen, dann solltest du:
- So viel Wasser trinken wie nur geht.
- Schön heiß duschen und gut die Zähne putzen. Dadurch wird auch die Haut entgiftet, das ist gut gegen Übelkeit.
- Dir eine Brühe kochen. Einfach nur mit Brühwürfel und Wasser, ohne Gemüse und Beilage (sonst muss der gereizte Magen zu viel arbeiten). Die Brühe dann in eine Tasse geben und gemütlich auf der Couch liegend trinken. In der Brühe sind alle Stoffe enthalten, die eurem Körper fehlen: Salz, Fette/Öle, Vitamine und Wasser.
- Und immer wieder: trinken, trinken, trinken.

Auch wenn du das Wort Cocktail gerade nicht hören kannst, hier einer, der gegen deinen Brummschädel hilft: 10 Milliliter *Zitronensaft* und 100 Milliliter *Tomatensaft*, auf Eis im Glas gut verrühren. Mit *Tabasco, Worcestersauce, Salz* und *Pfeffer* abschmecken.

Liebe Muttis,
gestern große WG-Einweihungsfete, die Bude rockt. Leider auch Daniel, der dabei voll mit der Rückenlehne des Barhockers auf die Fliesen knallt. Das Ende vom Lied: Riss und kleines Loch im Boden. Neubau, Erstbezug. Wie kriegt man das wieder hin?

Besorge dir Autospachtel aus dem Baumarkt und Lack in der Farbe der Fliesen aus dem Modellbau (Bastel-Laden). Eine kleine Menge Spachtelmasse mischst du auf einem Stück Pappe o. ä. Dann klebst du um die beschädigten Stellen, möglichst dicht am Rand, Tesastreifen. Mit einer Kunststoffspachtel streichst du nun die Spachtelmasse flächig in die Vertiefungen. Wenn du fertig bist, entfernst du sofort das Tesa. Ein klein wenig Spachtelmasse bleibt immer auf dem unbeschädigten Teil der Fliese hängen, da sich die Klebestreifen so genau meist nicht anbringen lassen. Diese Reste entfernst du vorsichtig mit einem gut angefeuchteten Wattestäbchen. Als Letztes tupfst du die ausgebesserten Stellen mit etwas Lack ab.

RAUCHGERUCH NACH EINER PARTY LOSWERDEN

Unser Wohnzimmer stinkt auch manchmal übelst ... wir retten das so:

- Lüften, egal wie kalt, da muss man durch.
- Duftlämpchen mit Lavendelduft (mit echtem ätherischen Öl, dann klappt es auch).
- Auf einen Schwamm Essig geben und ins Zimmer stellen. Aber du musst es oft wiederholen, bis der Geruch verflogen ist.
- Aschenbecher leeren und auswischen.
- Kaffeepulver auf verschiedene Behälter (z. B. Teller) verteilen und in der Wohnung aufstellen. Das Pulver saugt unangenehme Gerüche auf und ist dazu auch noch günstig im Einkauf.
- Staubwischen, man glaubt es nicht. Aber wenn man nur ein wenig feucht feudelt, ist es schon deutlich besser ... ins Wasser ein wenig Lavendel- und Teebaumöl, klappt prima.
- Zum Schluss damit die Ascher auswischen ... und gemütlich eine rauchen (Spaß!).

ROTWEINFLECKEN

Uralt-Frag-Mutti-Tipp: Rotweinflecken könnt ihr mit Weißwein bekämpfen. Dazu kippt ihr ordentlich Weißwein auf den roten Fleck, lasst ihn ca. 20 Minuten einwirken und rubbelt dann mit kaltem Wasser nach. Sollte kein Weißwein vorhanden sein, funktioniert das auch mit Sekt oder Champagner (man gönnt sich ja sonst nichts!). Durch die Kohlensäure im Sekt löst sich der Rotwein noch effektiver.

+ + + + + + + + + + + + + + + +

 Von wegen Party, wir puzzeln ja inzwischen so gern. Kein Scherz. Seit drei Tagen in Folge ist unser Küchentisch blockiert mit einem 3000-Teile-Puzzle, das Paul geschenkt bekommen hat. Als er damit anfing, haben wir uns noch drüber lustig gemacht – wobei »wir« vielleicht vor allem »ich« heißt – weil das halt auch mal wieder absolut zu Mr Übergenau passt. Aber schon nach einer halben Stunde saß Chrissi dabei, redete wie ein Wasserfall und brachte ständig Pauls Puzzleteil-Ordnungssystem durcheinander. Inzwischen sind wir alle vier verrückt danach und werden heute Abend den Sandwichmaker anschmeißen, weil sich mit einer Hand immer noch gut puzzeln lässt.

WELCHE WG-TYPEN GIBT ES UND WIE LÄSST ES SICH MITEINANDER AUSHALTEN?

WG-Mitbewohner-Typologie

DER EREMIT

Der Eremit ist fast immer männlich und studiert fast nie etwas Pädagogisches. Er ist eigentlich ein angenehmer Mitbewohner insofern, dass man ihn fast nicht bemerkt, weil er 23 Stunden des Tages in seinem Zimmer verbringt, das funktional bis geschmacklos eingerichtet ist, mit praktischen Bücherregalen zum Jugendbett mit Metallrahmen und blauer Irgendwas-Bettwäsche. Aber wen interessiert Inneneinrichtung, wenn man zocken kann? Das tut der Eremit quasi hauptberuflich, weswegen es für ihn auch praktisch ist, das Zimmer dauerhaft zu verdunkeln. Ab und an kann man ihn in der Küche antreffen, wo er sich ohne viele Worte und Aufwand etwas zu essen zubereitet, das meist ohne viel frische Lebensmittel auskommt. Ansonsten weiß man nicht viel von ihm. Wo war er zuletzt im Urlaub? Wie alt ist er genau? Mag er lieber Katzen oder Hunde? Man weiß es nicht. Man weiß manchmal sogar nicht einmal, dass er zuhause ist, weil er so geräuschlos lebt. Das kann zu unangenehmen Situationen führen, wenn man beispielsweise gerade nackt aus dem Bad ins eigene Zimmer flitzen möchte, weil vermeintlich ohnehin keiner zuhause ist und er genau in dem Moment unverhofft und leise auf den Flur tritt, weil er dann doch mal aufs Klo muss. Empfehlungen im Umgang mit diesem Mitbewohnertyp: immer den Bademantel griffbereit, stahlhartes Nervenkostüm für überraschendes Auftauchen.

DER NACKTE

Der Nackte oder auch die Nackte ist furchtbar befreit. Lauter Sex, offene Klotür, nackte Auftritte, alles kein Problem für diesen Mitbewohnertyp. Er kennt offenbar weder Scham noch Bademantel und hat sicher Eltern, die ihre Studienzeit in Kommunen verbracht haben. Pikierte Blicke bemerkt er gar nicht, direktes Artikulieren von Unbehagen seitens der Mitbewohner ruft bei ihm eher Mitleid mit diesen verklemmten Menschen hervor, die ein Problem darin sehen, wenn er mal kurz auf dem WG-Balkon an nahtloser Bräune arbeiten will. Und ein bisschen hat er ja auch Recht. Denn egal, wie sehr sich die Rest-WG aufregt, in Wirklichkeit fragt man sich doch beim Zusammenwohnen mit dem Nackten immer, ob man sich nicht tatsächlich mal ein bisschen lockerer machen sollte. Um den eigenen Prüderieverdacht loszuwerden, geht man dann einmal in eine Sauna oder an den FKK-Strand, um festzustellen, dass man eben tatsächlich nicht so gerne in Geschlechtsteil-Suppe sitzt. Ach, dann ist man eben ein bisschen verklemmt, was soll's. Empfehlungen im Umgang mit diesem Mitbewohner: Freunde vorwarnen, woanders hinsehen, zur Abhärtung »Adam sucht Eva« gucken.

DER UNHYGIENISCHE

In einer WG treffen Menschen zusammen, die sehr unterschiedliche Vorstellungen von etwa allem haben, unter anderem auch von Körperpflege. Manche übertreiben es auf die eine Seite, manche auf die andere. Aber während die zerstörte Hautbalance der Zuviel-Duscher nur unangenehm für diese selber ist, kann ein Hygieneverweigerer unangenehm für andere werden. Der hat nicht bemerkt, dass es nicht mehr 1923 ist: Einmal pro Woche wird geduscht und eine frische Unterhose angezogen. Das muss reichen, hat ja früher auch gereicht. In seinem Zimmer riecht es muffig, auf dem Boden liegen zerknüllt die angegrauten T-Shirts der letzten drei Wochen und vielleicht findet sich auch noch hier und da ein abgeschnittener Zehennagel aus dem zweiten Semester. Nein, es ist nicht schön. Aber vorschreiben, wann und wie sich jemand auf Vordermann zu bringen hat, kann man eben auch nicht. Es ist ein freies Land und wer fettige Haare mag, dem sei das unbenommen. Empfehlungen im Umgang mit diesem Mitbewohnertyp: vermeiden, in sein Zimmer zu gehen, öfter in seiner Gegenwart davon reden, wie schön ein Vollbad ist, damit leben lernen oder ausziehen.

DER ÜBER-ÖKO

Schon wenn du nach Hause kommst, stolperst du über die handgewalkten Filzhausschuhe in Erdfarben, die der Öko auf dem letzten Landleben-Workshop hergestellt hat. In der Küche erwartet dich der Hausschuhhersteller höchstselbst, ebenfalls in Erdfarben gekleidet, die Haare meist lang und naturbelassen, die Hose schlabbrig und aus Babycord. Er ist damit beschäftigt, Säfte aus containertem Gemüse oder Erträge von umliegenden Streuobstwiesen zu Saft und Dörrprodukten zu verarbeiten und walkt dabei mit der linken Hand gleichzeitig schon am nächsten Filzstück. Später geht er bestimmt zum Yoga oder zum Räucherstäbchen-Drechseln. Du hast bei seinem Anblick plötzlich den unwiderstehlichen Drang, furchtbar unkorrekte Dinge zu essen, und zwar in Polyester-Kleidern von Kik. Empfehlungen im Umgang mit diesem Mitbewohnertyp: Trink seinen Saft, iss seine Dörrpflaumen, ist doch nett, dass er sie dir anbietet und er hat ja recht: Es ist gut für dich. Und wenn es dir zu bunt wird, box ein bisschen gegen seine Yogamatte. Das entspannt auch.

DIE MUTTI/DER VATI

Ja, du bist ausgezogen. Aber ehrlich gesagt hast du den Eindruck, deine leiblichen Eltern einfach nur gegen eine WG-Mutti oder einen WG-Vati getauscht zu haben. Derjenige mahnt Putzdienste an, fragt dich, wann du gestern Nacht nach Hause gekommen bist und spült, wenn er ganz hart drauf ist, sogar hurtig die benutzen Gläser weg, die sich auf dem Küchentisch sammeln, und zwar unabhängig davon, ob du daraus noch einmal etwas trinken wolltest. Dieselbe Person kann dir bei Bedarf Ärzte jeder Fachrichtung im Umkreis der WG empfehlen, reinigt aus eigenem Antrieb in regelmäßigen Abständen die Badezimmerabflüsse, düngt die Pflanzen und denkt auch sonst an wirklich alles, woran der Rest nicht denkt. Vorratshaltung, Putzmittelbestände, Hausapotheke, es gibt nichts, was Mutti/Vati nicht im Blick hat. Ein solcher Mitbewohner ist natürlich Gold wert – zu krass wird es allerdings, wenn der innere Teenager in dir an sich halten muss, nicht trotzig aufzustampfen, weil du mal staubsaugen sollst.

DER PARTYLÖWE

Der Partylöwe/die Partylöwin ist meist in einem unteren Semester – das Klischee behauptet: vor allem im ersten – und jung genug, durchfeierte Nächte locker wegzustecken. Man ist nur einmal jung, und dieser Mitbewohnertyp möchte seinen Enkeln richtig was erzählen können, wenn er dereinst über seine wilde Studienzeit berichtet. Auf der Jagd nach legendären Nächten durchstreift er also mit seiner Partycrew Gleichaltriger die Stadt, kennt immer die neuesten Clubs, Bars, ach, einfach alles. Auf diese Art Mensch gibt es zwei Reaktionen: Entweder man kommt einfach ab und zu mit auf Tour. Oder man fühlt sich grundsätzlich wie ein Rentner, der ab acht Uhr abends die geschwollenen Beine mit Franzbranntwein einreibt. Probleme gibt es, wenn das Partylöwenrudel nachts um drei in der WG einfällt, während die älteren Semester versuchen, ihren Examensphasenschlaf zu bekommen, oder wenn bei der ganzen Feierei so gut wie nie Energien für die WG-Pflichten-Erfüllung vorhanden sind. Streut Glitzer auf den Putzplan, vielleicht hilft's.

WG-Stress

Deswegen knallt es am häufigsten im WG-Leben

1. Sauberkeit
2. Lautstärke
3. Der Partner ist ständig da
4. Grenzen werden überschritten, Lebensmittel verschwinden, die Privatsphäre wird missachtet

Liebe Muttis,

seit einem Monat haben wir (3 Mädels) eine neue Mitbewohnerin. Die Chemie stimmt, alles prima soweit, das Einzige, was stört und zunehmend zum Problem wird, ist, dass sie schon morgens penetrant nach Schweiß riecht. Am Anfang dachten wir, sie ist halt wegen des Umzugs arg gestresst, außerdem war es auch noch ziemlich warm und wir konnten gut lüften. Nun wird's draußen kälter, und wir wissen nicht so recht, wie wir es ihr einfühlsam sagen können.

Ihr möchtet gemeinsam das Problem lösen, ohne dabei eure Mitbewohnerin zu verschrecken, klingt nach einer guten WG-Atmosphäre, die ein klärendes Gespräch aushält. Vielleicht nicht beim Abendessen oder auf der nächsten WG-Sitzung, sondern diejenige von euch, die den besten Draht zu ihr hat, nimmt sie in einem günstigen Moment mal zur Seite. Einstieg für ein solches Gespräch könnte vielleicht die Frage sein: »Wenn dich an mir etwas stört oder ich mich in deinen Augen irgendwie peinlich verhalte, würdest du es mir sagen?« In der Regel ist das ein vertrauensbildender Anfang und dann könnt ihr das Thema direkt ansprechen.

Die offene Ansprache wird von den meisten Menschen auch gewünscht. Bei einer Marktforschungstudie gab mehr als die Hälfte der Befragten an, andere nicht auf deren unangenehmen Körpergeruch anzusprechen. Dabei erklärten etwa zwei Drittel, dass sie selbst nicht beleidigt reagieren würden, wenn sie jemand auf unangenehmen Körpergeruch hinweisen würde. Im Gegenteil, sie wären für einen solchen Hinweis sogar dankbar. ⇐

Larissa Leise

Als ich einzog, kamen mir meine neuen Mitbewohner eigentlich von der Lautstärke her relativ normal vor. Gut, vielleicht nicht unbedingt Chrissi, aber wenigstens Paul und Freddy. Dass ich mich geirrt hatte, merkte ich schon in der ersten Woche. Weil mein Zimmer leider direkt neben der Küche liegt, war ich praktisch live dabei, als Chrissi nachts um zwei die Lust auf Spaghetti packte. Mir war vorher nicht klar gewesen, wie laut man Chilischoten hacken kann und wie viel Lärm es eigentlich macht, wenn man einen Liter Nudelwasser aus Zeitersparnisgründen kurz im Wasserkocher kocht. Paul überraschte mich in dieser Woche mit einem selbstvergessenen Übungsnachmittag am Bass und Freddy bekam Wochenendbesuch von einer Frau, die zumindest so etwas ähnliches wie seine Freundin war und mit der er uns mit genau dem verwöhnte, was man sich immer so grinsend unter der »Sex in der WG«-Problematik vorstellt. Wer es leise haben will, muss genug Geld für eine eigene Wohnung haben – oder wie ich wenigstens für richtig gute Ohrstöpsel.

Liebe Muttis,
es nervt! Und zwar sowas von! Ich bin weder
prüde noch ein vehementer Verfechter von
Blümchensex, aber zu jeder Tageszeit
»50 Shades of Grey« im Hintergrund laufen
zu haben (und vor mir meine Uni-Hausarbeit) macht
mich kirre. Toni ist eigentlich eine Liebe, aber seit
der neue Macker ständig da ist, steigt auch unser
Wasserverbrauch exorbitant, und die WG-Laune geht
den Bach runter.

Ein absoluter Zoff-Klassiker in WGs: der Partner/die Partnerin ist ständig da. Da hatte man doch so eine schöne eingeschworene Gemeinschaft, sich mit den Macken der anderen arrangiert oder tagelang beim WG-Casting hin und her überlegt, wer nun am besten zu einem passt, und dann sitzt plötzlich jeden Morgen jemand vorm Frühstückbrettchen, den man weder kennt noch näher kennenlernen wollte. Was nun? Von potentiellen Mitbewohnern ein Keuschheitsgelübde (innerhalb der WG-Räume) einzufordern, geht natürlich gar nicht, obwohl Fragen nach einem festen Partner und den Beziehungsgewohnheiten da schon ein bisschen Aufschluss geben könnten. Studiert die Liebe des zukünftigen Zimmernachbarn in einer anderen Stadt, ändert sich die Mitbewohnerdichte am Wochenende vielleicht. (Auch hier noch mal: Je offener beim Casting über die Lebensgewohnheiten gesprochen wird, desto weniger muss man sich später damit auseinandersetzen. Siehe Casting, Seite 33)

Wenn man schon zusammenwohnt, sollten die Mitbewohner vorgewarnt werden, vor allem wenn ein längerer Besuch geplant ist oder der Partner regelmäßig in der WG übernachtet. Wenn man da auf Missmut stößt, sollte man sich zusammensetzen und gemeinsame Absprachen treffen: Vielleicht gibt es noch andere Mitbewohner mit Anhang, um das WG-Leben am Leben zu halten, könnte man z. B. einen Tag in der Woche festlegen, an dem man entre nous ist, kocht, spielt etc. Natürlich muss auch über eine finanzielle Beteiligung des Besuchs an der Haushaltskasse und an den Nebenkosten gesprochen werden.

Wohnt man in einer Zweier-WG kann sich ein Partner-Problem schnell zuspitzen, irgendwann hat man das Gefühl, man wohnt mit einem Pärchen zusammen und fühlt sich wie das fünfte Rad am Wagen. Auch hier am besten offen alles ansprechen, Vorbehalte klären, Absprachen treffen. Doch gegen traute Zweisamkeit mit Zukunftsperspektive richtet auch manchmal das freundschaftlichste Gespräch nichts aus, dann muss man sich wohl oder übel von seinen WG-Erwartungen oder am besten gleich aus der WG verabschieden (siehe Seite 208).

Ist der Besuch noch verbunden mit einem anderen Störfaktor, über den die eine oder der andere vielleicht nicht so gerne vor versammelter WG-Runde spricht, braucht es etwas Fingerspitzengefühl. Oder auch nicht. Eine befreundete WG hatte mal das lautstarke »Liebesgeflüster« eines Mitbewohners als Ansagetext für den WG-AB verwendet. Nachdem die Eltern des Latin-Lovers ihn darauf hingewiesen hatten, wurde es deutlich ruhiger. Ob diese Hammermethode schon WG-Mobbing ist oder nur einen Akt reiner Verzweiflung darstellt, sei dahingestellt. Bevor es soweit kommt, sollte man ein Vier-Augen-Gespräch (wie beim Geruchsproblem, siehe Seite 200) suchen. Vielleicht weiß der Mitbewohner ja gar nichts von seinen Mithörern. ⟸

Wir hatten unseren ersten richtigen WG-Krach. Aber so richtig. Und ich war der Auslöser, und zwar, weil ich gestern Abend ein paar Freunde zum Kochen eingeladen hatte. Gut, ich hab das vielleicht nicht vorher angekündigt. Und gut, vielleicht sah die Küche währenddessen auch ziemlich übel aus. Aber erstens hatten die anderen doch sowieso an dem Abend nichts

Besonderes vor und zweitens haben wir ja auch alles wieder aufgeräumt und drittens sollen sie doch froh sein – ohne mich wäre hier viel weniger Stimmung. Meine Freunde sind ja auch total nett und haben gleich mit meinen Mitbewohnern geredet und so weiter. Aber die waren total reserviert, und sogar Chrissi, die sonst ja nicht so ist, war die ganze Zeit nur genervt, nur weil ich nicht geahnt hatte, dass sie an genau dem Abend für irgendwen einen Geburtstagskuchen backen wollte. Meine Freunde denken jetzt, dass ich mit drei schwierigen Spaßbremsen zusammenwohne, und ehrlich gesagt: Zumindest heute denke ich das auch. Spießer!

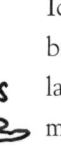

Ich weiß, dass ich manchmal ziemlich laut bin. Ich rede laut, ich koche laut, ich laufe laut, ABER: Es kann auch nerven, wenn jemand zu leise ist. Larissa ist manchmal wie ein Geist, der in der Wohnung auftaucht, wenn keiner damit rechnet. Ich weiß nicht, wie oft ich schon dachte, allein in der WG zu sein, nur um dann eine Stunde später plötzlich Larissa wie aus dem Boden gewachsen irgendwo im Flur stehen zu sehen. Niemand wohnt leiser als Larissa. Sie macht leise Türen auf, sie trinkt leise ihren leisen Tee und blättert dazu geräuschlos ihre Buchseiten um. Und wenn man gar nicht mehr damit rechnet, ist sie auf einmal da. So wie neulich, als ich dachte, ich wäre allein in der Wohnung und nur angetan mit Unterwäsche und Minnie-Maus-Hausschuhen sowie Deo-Mikrofon in der Hand den Flur entlang das Gummibärenbande-Titellied performt habe. Bin beinahe gegen Larissa getanzt, die plötzlich vor mir stand. Auch kein Moment, an den ich mich dereinst bei Erzählungen über mein WG-Leben gerne erinnern werde.

Konfliktmanagement

Wenn eure WG es schafft, sich an den Tisch zu setzen und zu streiten, ist das schon mal die halbe Miete. Oder mehr. Oft werden Streitigkeiten ja eher im Stillen ausgetragen. Die Joghurts im Kühlschrank heißen dann Jens und Leonie oder haben Totenköpfe, und die Spüluhr wird immer weitergedreht (ohne dass der Geschirrberg kleiner wird), vor den einzelnen Zimmern bilden sich kleine Häufchen mit allen möglichen Dingen, die dem jeweiligen Mitbewohner zugerechnet werden (Wäsche, leere Flaschen, Post, Müll). Und es wird geschwiegen. Sollte das gemeinsame WG-Leben nicht ganz heruntergewirtschaftet werden, heißt es spätestens jetzt: Alle an einen Tisch! Damit das auch Laune macht und etwas bringt, hier einige Tipps:

1. **ZEIT OHNE ENDE.** Am besten einen Tag finden, an dem keine Termine anstehen und jeder mal völlig offline ist.

2. SO NETT WIE MÖGLICH. Je nach Stimmungslage eine Runde Pasta vorab oder ein paar Salzstangen – geht auch.

3. ALLES AUF DEN TISCH. Jeder kann mal so richtig vom Leder ziehen, was ihm total auf die Nerven geht, und die anderen hören sich das einfach mal an.

4. NICHT HAUEN, TEILEN. Wie früher im Sandkasten, hilft es bei Diskussionen, bestimmte Regeln einzuhalten: Ich-Botschaften (Es stört mich, dass ...) absetzen, Verallgemeinerungen vermeiden (Nicht: Die Ida haut immer die Wäsche neben den Korb!), sich mit voreiligen Schuldzuweisungen zurückhalten und auch mal versuchen, die Perspektive zu wechseln, um die Sichtweise des anderen besser zu verstehen.

5. DER TON MACHT DIE MUSIK. Auch wenn's ans Eingemachte geht, nicht gleich ausflippen, sondern tief durchatmen, sich eine grüne Wiese mit lauter kleinen bunten Schmetterlingen vorstellen und auf später und Metallica freuen.

6. WER SCHREIBT, DER BLEIBT Je konkreter die Probleme sind, desto besser sind klare Absprachen, die man am besten dokumentiert. Wie man das macht, bleibt euch überlassen. Ob schmucklose To-Do-Liste oder liebevoll gezeichnete Cartoons zum Ausmalen: Jeder Mitbewohner muss zu jeder Absprache sein Okay gegeben haben.

7. STREITEN MACHT SPASS Ein fixer WG-Treff hat große Vorteile: Ein Abend »nur wir«, das schweißt zusam-

men. Manche Probleme werden im Keim erstickt, bevor sie stillschweigend wachsen können.

8. **VERFAHREN IST NOCH KEIN TOTALSCHADEN.** Wenn die Situation nicht zu klären oder ein bestimmtes Problem einfach nicht zu lösen ist, jedenfalls nicht jetzt am WG-Tisch, kann man sich einen Schlichter oder Mentor hinzuziehen. Das kann ein kluger und möglichst neutraler Bekannter der WG sein, der von allen geschätzt wird. Oder jemand ganz Fremdes. Viele Universitäten bieten WG-Mentoren an, schaut mal auf die Website vom Studentenwerk oder von eurem ASTA.

9. **AUS UND VORBEI** Wenn es partout nicht mehr klappt mit dem Zusammenwohnen, kann auch ein Mentor bei der Auflösung einer WG helfen. Was hier wichtig ist, ist das Mietverhältnis, (siehe Seite 46) das die Machtverhältnisse klarstellt. Gibt es einen Hauptmieter, kann dieser seinen Untermietern ohne Gründe angeben zu müssen kündigen. Bei mehreren Hauptmietern ist das nicht möglich, und es gibt drei (unschöne) Möglichkeiten: Entweder du gehst, der unbeliebte Mitbewohner verlässt die WG oder das Ganze läuft über einen Anwalt. Letzteres ist jedoch nicht zu empfehlen, da der Ausgang ungewiss ist und sich ein solches Klageverfahren über einen langen Zeitraum hinziehen kann.

Liebe Muttis,

in meiner WG regiert wieder das postfaktische Putzen. Jeder fühlt zwar etwas. Jana, dass sie immer alles macht, Claudius, dass Jana ihm damit tierisch auf die Nerven geht, und Harun, dass er gerade auf alles keinen Bock hat. Doch nichts bewegt sich. Kommt mir bitte nicht mit Plänen, die hatten wir schon in allen Ausführungen, und zeitweise hat das auch ganz gut funktioniert, aber momentan, hab ich weder Zeit (Bachelor, 2 Nebenjobs) noch Laune, die Geschirrberge in der Küche zu versetzen.

Riesenthema in WGs: die Sauberkeit oder besser die unterschiedliche Vorstellung davon. Auch das sollte eigentlich schon beim Casting geklärt werden. Denn es lebt sich herrlich in einer schmutztoleranten WG, wenn man auch über eine gewisse Immunität verfügt und seine Talente eher in anderen Lebensbereichen einbringen möchte. Da wird einfach solange nicht gespült, bis es kein sauberes Geschirr mehr gibt. Bedarfsreinigung eben. Aber egal auf welchem Reinheitsniveau man sich bewegt, kippt die gemeinsame Sauberkeitsbasis, gibt's Stress. Wenn das WG-Konfliktmanagement (miteinander reden, Absprachen treffen, siehe Seite 206) nicht mehr greift, bleiben drei Möglichkeiten:

1. Im Dreck ausharren oder ausziehen,
2. Putzen und auf den Nachahmungseffekt setzen oder auf das schlechte Gewissen,
3. eine Haushaltshilfe engagieren.

Punkt 3 klingt in den Ohren finanzschwacher Erstis wie Hohn (es sei denn, ihr engagiert eine enge Verwandte), aber für Menschen mit Jobs (auch die leben in WGs!) ist das eine Möglichkeit, ein Hauptschlachtfeld im WG-Leben etwas zu befrieden (siehe Seite 118).

Für alle anderen gibt es ganz viele Tipps und Tricks, wie ihr den lästigen Haushalt in den Griff bekommt, ohne gleich eure Semesterferien dafür opfern zu müssen. Die anderen ziehen dann irgendwann mit. Glaubt das jetzt einfach mal.

+ + + + + +  + + + + + +

EINE KISTE FÜR ALLES, WAS DA SO RUMLIEGT

Müllt unsere Küche oder der Gemeinschaftsraum mal wieder so richtig zu, kommt unsere WG-Kiste zum Einsatz. Da kommt alles rein, was nicht ortsgebunden oder festgewachsen ist. Für die Entleerung sorgt dann jeder Mitbewohner selbst, wenn er das entsprechende Teil vermisst. So alle viertel Jahr werden die Kisten-Dauerbewohner entsorgt. Das klappt prima und schärft auch die Aufräumdisziplin, denn bevor ich meinem Mascara die Nachbarschaft von Freddys Socken zumute, nehme ich ihn nach dem Schminken lieber wieder mit in mein Zimmer.

DIE FAULEN ZAHLEN

Wer nicht putzt, der zahlt, und zwar in die Haushaltskasse. Das funktioniert ganz gut, weil es nicht nur Strafe ist, sondern auch wirklich entlastend sein kann, wenn man wirklich im Stress ist. Man kann sich das ausgegebene Geld ja wieder zurückverdienen, wenn man mehr Zeit hat. Wir hatten das auch mal mit Punkten versucht, nur mit Geld, das ist irgendwie – krasser.

DIE HOHE KUNST DER GESPRÄCHSFÜHRUNG

Ich habe ganz gute Erfahrungen damit gemacht, wenn ich meine Mitbewohner direkt anspreche. Ich muss aber gut drauf sein, dann geht das in etwa so: »Hey, sag mal, der Putzplan das ist nicht so dein Ding, oder?« Dann bekomme ich vielleicht zur Antwort: »Hm, wie kommst du darauf?« und schon bin ich im Gespräch auf Augenhöhe und kann sagen, was mich stört, ohne dass es gleich zur Anklage wird. Vielleicht so: »Mir kommt es vor, dass du darauf irgendwie keinen Bock hast. Was kann man denn da machen? Mich nervt es nämlich, dass ich abends immer erst Geschirrberge wegräumen muss, bevor ich mir was zu essen machen kann.«

Liebe Muttis,

ich achte sehr auf meine Ernährung und kaufe nur im Biomarkt ein oder bringe etwas vom Wochenmarkt mit. Da meine Mitbewohner darauf so gar keinen Wert legen, kaufen wir gemeinsam nur die Grundausstattung, wie Wasser, Putzmittel und Klopapier für den Haushalt. Unser Essen zahlen wir aber aus eigener Tasche. Nun bedienen sich meine lieben Mitbewohner aber auch immer mal gern bei mir, wenn ihnen etwas fehlt. Manchmal auch ohne mich zu fragen. Spreche ich sie darauf an, versprechen sie mir, die Sachen zu ersetzen. Das geschieht manchmal gar nicht, und manchmal bekomme ich dann ein Produkt aus dem Discounter als Ersatz. Wie kann ich das Problem lösen, ohne gleich als absoluter Spießer dazustehen?

Die recht freie Auslegung von Mein und Dein ist WG-immanent. Das reicht vom ungefragten Ausleihen (da kleben dann am Joghurtbecher tausend LOLs und Smilies mit dem dicken Versprechen »gaaanz bald« wieder alles zu ersetzen) bis zum selbstverständlichen Deo-Klau, dem man nur mit feiner Nase auf die Spur kommt. Das alles ist eigentlich ein absolutes NoGo, aber es passiert immer wieder einmal. Deshalb gibt es wahrscheinlich WG-Kühlschränke, die sehen von innen aus wie die Pinnwand aus einem Strategiecoaching oder sie sind in akkurate (abschließbare!) Claims aufgeteilt. Es soll auch WGs mit mehreren Kühlschränken geben oder mit Kühlmöglichkeiten in den jeweiligen Zimmern. Doch dann kann ich gleich ins Hotel ziehen. Das Coole am Zusammenwohnen ist doch, dass man nicht alles für sich alleine braucht und dass man mehr hat, wenn man teilt. Aber eben nur, wenn der andere damit einverstanden ist. Und das muss man immer wieder einfordern bzw. sich selbst daran erinnern, wenn man sich »schnell mal was ausleiht«. Nur so funktioniert's. ⟸

+ + + + + + LIFE 💡 HACK + + + + + +

STUNDE DER WAHRHEIT

In jeder WG kommt es zu Grenzüberschreitungen, da bin ich mir sicher. Damit sich das aber nicht so unbeachtet absetzt und dann irgendwann ranzig wird, haben wir bei uns in der WG die »Stunde der Wahrheit« eingeführt. Wir kochen dann irgendwas Nettes, trinken und beichten uns unsere Missetaten. Eine Mitbewohnerin gestand mir einmal, mit ihrem One-Night-Stand mein Bett benutzt zu haben, weil ihr das Chaos in ihrem Zimmer zu peinlich gewesen sei. Erst war ich schockiert, doch irgendwie fand ich's dann aber auch gut, dass sie es mir erzählt hat.

+ + + + + + + + + + + + + + +

IHR SEID WIRKLICH RICHTIG GUTE MITBEWOHNER, WENN ...

... es dir nichts mehr ausmacht, dass deine WG dich dabei sieht, wie du um zehn Uhr dienstagmorgens im Bett liegst und mit einem Esslöffel Schokoladeneis direkt aus der Packung isst.

... ihr um ein Uhr nachts an einem Wochentag betrunken in der WG-Küche versackt und euch eure schlimmsten Küsse erzählt.

... ihr einen Sommertag bei heruntergelassenen Rollläden und in Jogginghosen damit verbringt, gemeinsam Serien zu schauen und euch nicht voreinander schämt.

... du nicht mehr darüber nachdenkst, nur mit Unterhose und einem T-Shirt, auf dem damals auf der Klassenfahrt alle mit buntem Textilmarker unterschrieben haben, zum Frühstück zu erscheinen.

... ihr eure Körperfunktionen während des Abendessens besprecht. »Heute Morgen kam richtig viel Schleim raus. Der war irgendwie so komisch grüngelb«. Bitte bitte, habt dann wenigstens kein Foto zum Rumzeigen.

... du eine Frau bist und daheim grundsätzlich keinen BH mehr trägst.

... du ein Mann bist und daheim grundsätzlich keine Hose mehr trägst.

... die Eltern deines Mitbewohners anrufen und du dich erst mal fünf Minuten fröhlich mit ihnen unterhältst, bevor du widerwillig das Telefon weitergibst.

... ihr anfangt, Gruppenfotos eurer WG zu machen und das Ganze im Ordner »Liebeliebeliebe« ablegt.

... du im Supermarkt ohne nachzudenken die Lieblingssüßigkeiten deiner Mitbewohner in den Wagen legst. Alternativ: Wenn du ganz selbstverständlich die meistgehassten Gemüsesorten deiner Mitbewohner meidest.

... ihr euch offiziell ein Shampoo teilt.

... ihr euch voreinander die Fußnägel schneidet.

... du danach einen übersehenen Fußnagelschnipsel aufsammelst, obwohl es nicht deiner ist (Königsdisziplin ☺).

... eure WG-Familie über ein Haustier nachdenkt.

WELCHES WG-HAUSTIER
PASST ZU UNS?

Wie viele Mitbewohner seid ihr?

a) Zwei. Das reicht ○

b) Vier. Zwei Mädels, zwei Jungs, sehr ausgeglichen ○

c) Drei Jungs ○

d) Drei Mädels ○

Hatte jemand von euch schon einmal ein Haustier?

a) Ja, klar, jeder. Wir sind doch sowieso alle im ○
   gleichen Dorf aufgewachsen

b) Meine Familie hat einen Hund. Der fehlt mir ○
   richtig

c) Ich hatte mal ein ganz süßes Meerschweinchen, ○
   das hieß Sissi

d) Ich glaub, einer von meinen Mitbewohnern ○
   hatte mal eine Bartagame. Oder sowas ähnliches

*Wie oft ist in eurer WG übers Wochenende keiner
zu Hause?*

a) Wir fahren eigentlich alle jedes Wochenende nach ○
   Hause – Familie besuchen, mit den alten Freunden
   rumhängen, Holz hacken …

217

b) Einer ist meistens da, das wäre kein Problem. ○
Wir sind ja auch sehr verantwortungsbewusst

c) Ach, mein Freund/meine Freundin kommt oft
übers Wochenende. Wir könnten uns ganz toll ○
kümmern

d) Keine Ahnung, was die anderen machen. Ich ○
besuche jedenfalls am Wochenende oft Freunde,
die irgendwo anders studieren

Wo liegt eure WG?

a) Ein bisschen außerhalb. Es war uns allen wichtig, ○
trotz Umzug in die Stadt noch einen eigenen
kleinen Garten zu haben

b) Erster Stock, Innenstadt, mit Balkon ○

c) In einer total schönen Altbauwohnung mit einem ○
kleinen Balkon, der so eine richtig geschwungene
alte Balustrade hat. Da steht ein kleiner weiß-
lackierter Vintage-Tisch mit passenden Stühlen
drauf

d) Im Wohnheim ○

Welchen Film würdet ihr am ehesten gemeinsam an einem
WG-Filmabend anschauen?

a) »Unsere Erde. Der Film«, gefolgt von »Plastic ○
Planet«

b) Ach, einfach ein paar Folgen »House of Cards« ○

c) Vielleicht was mit Til Schweiger?! ○

d) Hauptsache Jason Statham spielt mit ○

Wie würdet ihr euer Haustier nennen?

a) Fanny, Bertha, Max ○

b) Luna. Oder Blacky ○

c) Vielleicht Lotta oder Uschi ○

d) Scotch und Soda? Haha, sowas ist doch immer ○
   witzig

Ist jemand von euch gegen etwas allergisch?

a) Dorfkinder sind abgehärtet ○

b) Birken- und Haselpollen sind nicht so toll für mich ○

c) Ich vertrage Nüsse nicht so gut ○

d) Gegen Putzen und Dekoration, ○
   ansonsten gegen nichts ;)

AUSWERTUNG

Überwiegend a:

Du und deine WG-Freunde sind eine Dependance eures heimatlichen Dorfes. Ihr kennt euch schon, seit ihr zusammen im Herbst bei der Apfelernte geholfen und mit eurer Kindergartengruppe Laternenumzüge gemacht habt. Mindestens einer von euch kennt noch jemanden, der Kühe besitzt, und Schlachtfeste sind euch ein Begriff. Ihr habt eine vielleicht rustikale aber auf jeden Fall realistische Einstellung zu Tieren und könnt wahrscheinlich mit Laufenten im WG-Garten am glücklichsten werden. Sie sind schön anzusehen und sind als Schneckenvernichter gleichzeitig nützlich – perfekt.

Überwiegend b:

Ihr seid eine absolute Mainstream-WG. Solche wie euch gibt es zuhauf, und das ist nicht mal unbedingt etwas Schlechtes. Setzt euch hin, macht einen Finanz- und »Wer ist wann auf jeden Fall zuhause«-Check und dann kauft euch einen Vogel, weil ihr eingesehen habt, dass ein Hund in einer WG, in der jeder kommen und gehen will, wann er möchte, keinen Sinn hat und außerdem zu teuer ist. Hebt euch das für später auf, ihr werdet sowieso alle gut bezahlte Jobs in Durchschnittsunternehmen haben, da geht das dann schon eher.

Überwiegend c:

Ihr seid ganz süß. Ihr liebt Tiere, denn sie sind flauschig und zum Liebhaben, und es wäre doch supertoll, so ein WG-Haustier zum Kuscheln zu haben, wenn es draußen kalt und die Klausurenphase gemein ist. Früher hattet ihr alle diverse Nagetiere im Kinderzimmer, die ihr hinter den Öhrchen krauen und denen ihr ein Karottenstückchen füttern konntet. Verständlich, dass ihr das gerne wieder haben würdet. Ach, was soll's, macht es doch. Ein goldiges WG-Kaninchen vielleicht, mit puscheligen Ohren und einem schönen Namen wie Lilly oder Schmusi, das wär's doch.

Überwiegend d:

Ganz ehrlich? Euch reicht die Spinne im Bad und die Wollmäuse unterm Sofa. Spart euch eure Energie und die zehn Euro für eine Farbratte oder die dreißig Euro für einen Gecko, bestellt dafür eine Familienpizza und netflixt euch durch den Abend. Ist auch okay.

Larissa Leise

Es gibt Zeiten, in denen ich mich frage, was mich geritten hat, als ich in eine WG gezogen bin. Zum Beispiel, wenn Freddy stundenlang singend durch die Wohnung hibbelt oder wenn Paul mal wieder eine neue Idee für das Putzsystem unterbreitet. Aber dann gibt es andere Zeiten. Gestern haben wir zu viert einträchtig den Nachmittag damit verbracht, Zimtschnecken zu backen, um sie dann genauso einträchtig zu essen. Und zwar 30 Stück. Das war Chrissis Idee, weil sie irgendwo gelesen hat, dass gestern offizieller Zimtschneckentag war. Ohne sie hätte ich das nicht gewusst und könnte jetzt auch keine Zimtschnecken backen und damit hat sich das doch alles schon wieder gelohnt.

ZIMTSCHNECKEN
Für 30 Stück
250 Milliliter lauwarme Milch
80 Gramm Butter
80 Gramm Zucker
1 Würfel Hefe
500 Gramm Mehl
Zucker, Zimt
zerlassene Butter

Mehl, Hefe, Milch, Zucker und Butter zu einem glatten Teig verkneten und ca. 30 Minuten gehen lassen.

Noch einmal durchkneten und zu einem Viereck ausrollen. Je dünner der Teig desto knuspriger werden die Schnecken. Die zerlassene Butter auf den ausgerollten Teig pinseln. Zucker und Zimt nach Belieben drauf streuen.

Den Teig einrollen und in ca. 1 Zentimeter dicke Scheiben schneiden. Mit genügend Abstand zueinander auf ein Backblech legen. Zehn Minuten ruhen lassen.

15 bis 20 Minuten bei 175 °C backen. Und am besten noch warm aus dem Ofen genießen.

+ + + + + + + + + + + + + + +

SEMESTERFERIEN

Ich gehe noch einmal durch die ganze Wohnung – gucken, ob auch nichts liegengeblie-
ben ist. Kein Käsebrot, das bis in ein paar
Wochen so schimmlig ist, dass man es strei-
cheln kann, kein Handy, keine wichtige Rechnung, einfach gar
nix. Komisch, wie schnell so ein Semester rum ist. Mein erstes.
Und wie schnell so ein halbes Jahr WG vorbeigeht, ist fast
noch seltsamer.

Ich war zwar die letzten Monate auch ab und zu mal alleine
in der WG, aber ich könnte schwören, heute ist es stiller als
sonst. Larissa, Chrissi und Freddy sind alle schon weg, heim-
gefahren oder direkt in den Urlaub. Gestern Abend haben wir
Abschiedsabend gemacht, mit WG-Spezialcurry und vielen,
vielen Runden des Anstoßens auf unser erstes WG-Semester.
Am Ende, als sonst nichts mehr da war, haben wir auch noch
diesen ekelhaften Eierlikör vernichtet, den Chrissi letztens
in einem Workshop »Leckeres zum Verschenken« leider in
Massen hergestellt hat.

Heute Morgen waren alle dementsprechend still und müde,
aber es hat noch gereicht, die Wohnung semesterferienfertig
zu machen: Heizung runterdrehen, noch mal durchsaugen,

das letzte Mal Geschirrspülen, alles Essbare, was kaputtgehen kann, unter uns vier aufteilen. Einpacken, wieder auspacken, umpacken. Denken, dass man was vergessen hat und deswegen noch mal alle Taschen durchwühlen. Die Pflanzen schier ertränken in der vagen Hoffnung, dass sie irgendwie überleben. Einer nach dem anderen verabschiedete sich. Als erstes Chrissi, die uns jeweils noch irgendwas »Leckeres zum Verschenken« überreicht hat – zum Glück keinen Eierlikör – und dann, bevor sie die Rührung komplett übermannen konnte, mit ihren tausend Taschen das Treppenhaus hinunterpolterte, um sich auf dem Weg zu irgendeinem großen und garantiert lauten Familiengeburtstag zu machen. Dann Freddy, der von ein paar aufgedrehten Freunden abgeholt wurde, mit denen er die nächste Zeit erst einmal quer durchs Land fährt, um diverse andere Freunde zu besuchen, die irgendwo studieren und ihre Sofas zur Verfügung stellen. Und als letztes Larissa, die ihre Pflanze vorsorglich mitgenommen hat, und die sich auf irgendeinen Wanderurlaub freut. Alle sind weg und kommen erst nach den Ferien wieder.

Und ich? Mein Zug nach Hause fährt erst in einer halben Stunde. Nur ich bin also noch da. So wie vor einem halben Jahr, als es auch nur mich und die Wohnung und sonst noch niemanden hier gab. Habe ich die richtigen Mitbewohner rausgepickt? Ich glaube, ja. Zumindest freue ich mich schon auf den Moment, wenn wir uns alle wiedersehen und das ist bestimmt ein gutes Zeichen.

WG-ADVENTSKALENDER ZUM SELBERMACHEN

Schokoadventskalender kann jeder (und außerdem schließt ja das eine das andere nicht aus), aber hier kommt ein WG-Adventskalender. Einfach die Kärtchen ausschneiden, mit der Zahlenseite nach oben irgendwo hin pinnen oder auf eine Schnur auffädeln und fertig. Jeden Tag darf wer anderes ein Türchen aufdecken.

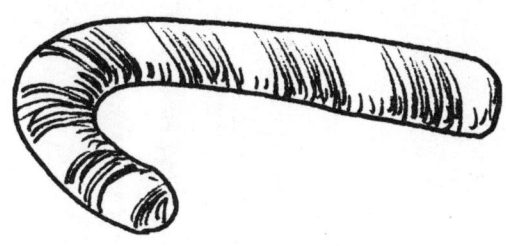

Glückspilz: Wer das
hier aufgedeckt hat,
ist für diese Woche
von seinem
Putzdienst befreit.

Macht heute einen
WG-Filmabend.
Derjenige, der das
Türchen aufgedeckt
hat, darf den Film
bestimmen.

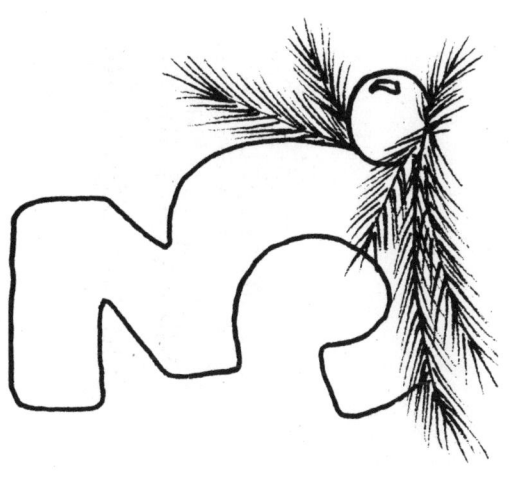

Macht ein
Mitbewohner-Foto.
Und dann noch mal
eines, das ihr niemals
jemandem außerhalb
der WG zeigen
würdet.

Wunschtag für den
Aufdecker: Du
wünschst dir das
Abendessen, die
anderen kochen.

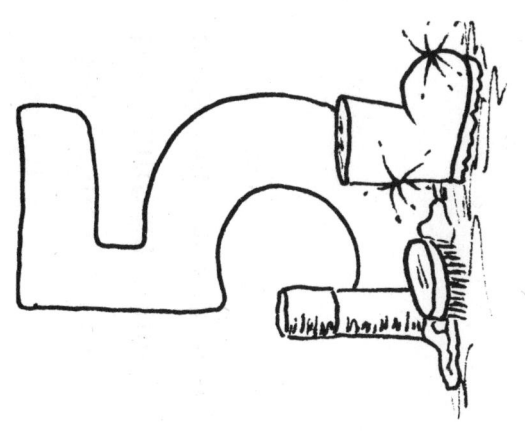

Sophisticated WG:
Empfehlt euch
gegenseitig das letzte
Buch, das ihr gelesen
habt. Egal, was es war,
bloß keine Scham.

Nikolaustag:
Heute muss jeder
mindestens ein rotes
und ein weißes
Kleidungsstück
tragen.

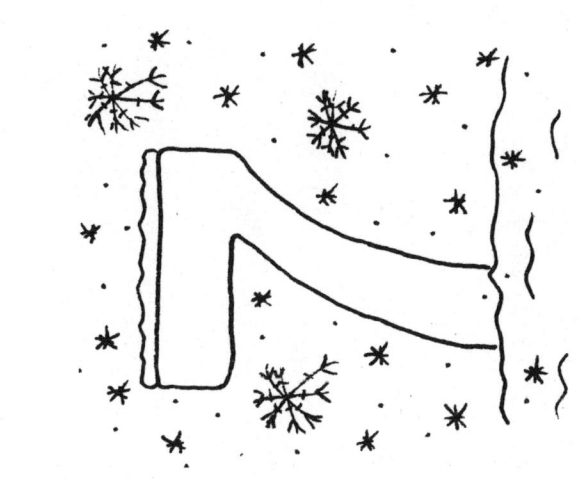

Spielt heute eine
Runde Mau-Mau.

Eggnogg ist ein traditionelles britisch/
amerikanisches Weihnachtsgetränk
und fristet in Deutschland noch ein
fieses Schattendasein. Darum: Macht
heute einen Eggnogg-Abend. Geht so:
Ein Liter Milch erhitzen,
währenddessen drei Eigelb mit
ordentlich Zucker und Vanillezucker
schaumig schlagen und dann mit dem
Schneebesen in die heiße (Achtung: auf
keinen Fall kochen lassen) Milch
rühren. Je nach Geschmack Zimt und
Rum rein. Veganer-WGs könnten heute
alternativ auf Feuerzangenbowle
umsatteln. Ach, oder einfach Glühwein.

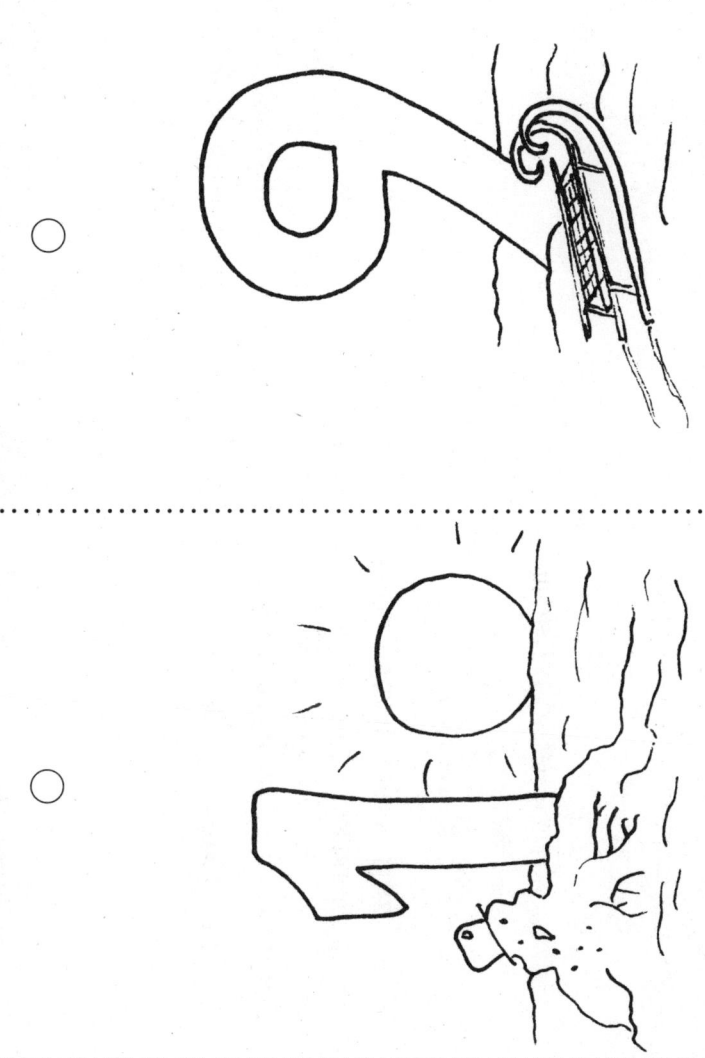

235

Redet heute eine
Stunde in Reimen

Tauscht für heute alle
eure Mützen,
Handschuhe, Schals.
Keiner verlässt das
Haus mit nicht
mindestens einem
geliehenen Teil.

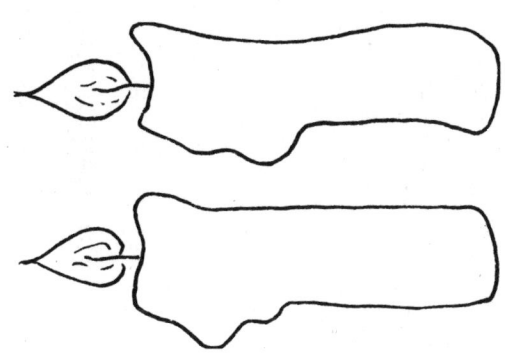

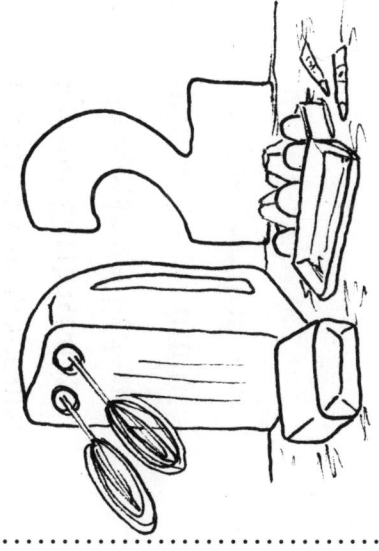

Guckt heute einen
der folgenden Filme:
»Drei Haselnüsse für
Aschenbrödel«,
»Sissi«, »Kevin allein
zu Haus«,
»Tatsächlich Liebe«
und sagt dabei sehr
oft »Haaaaach«.

Kauft euch heute eine
Packung
Dominosteine und
baut daraus einen
Turm. Alle müssen
verwendet werden,
und er muss länger
als eine Minute von
alleine stehen.

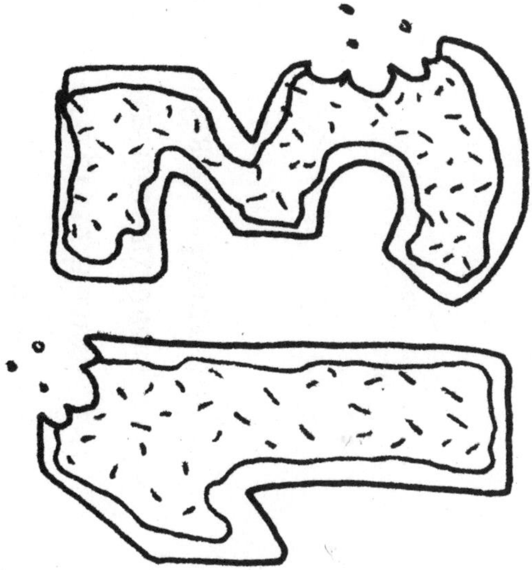

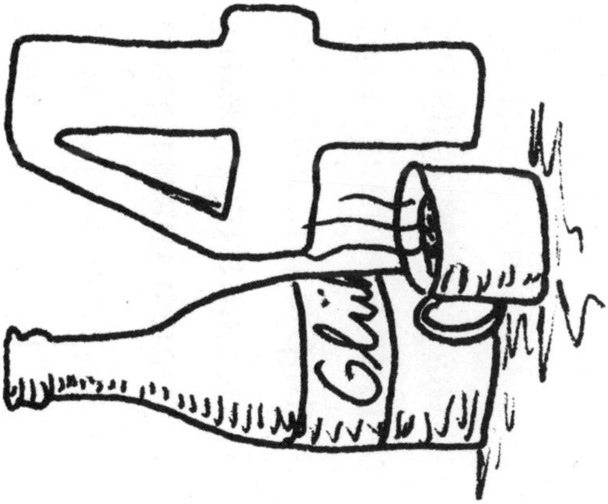

Studiert ein
Weihnachtslied ein,
klingelt bei den
Nachbarn und singt
es ihnen vor.

Dekoriert heute in
eurer Wohnung
etwas, das man
normalerweise
nicht dekoriert,
weihnachtlich. Einen
Alufolienstern auf die
Klospülung kleben
zählt auch schon.

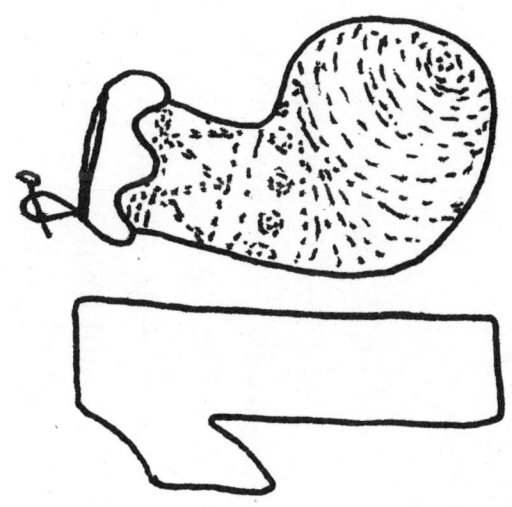

Erzählt euch
gegenseitig, was das
Weihnachtsessen
eurer Kindheit war.

Meldet euch heute
am Telefon
ausschließlich mit
Hohoho (und begrüßt
auch jeden Besucher
so). Wer sich weigert
oder es vergisst, muss
eine Runde Glühwein
schmeißen.

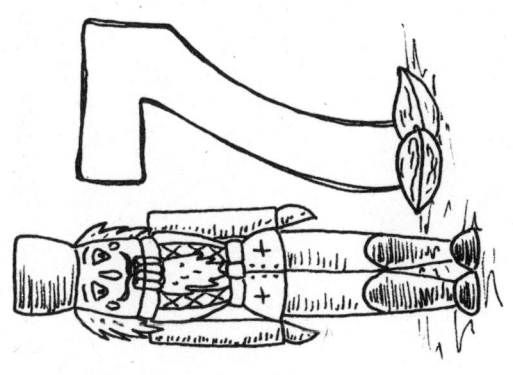

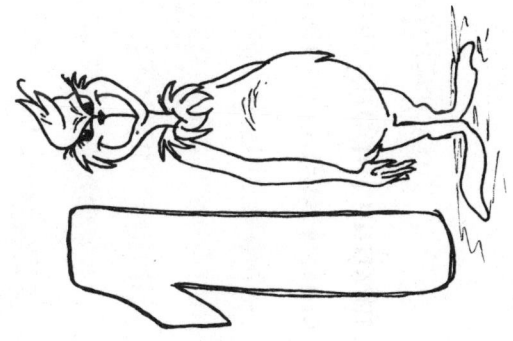

Schreibt heute eine
Weihnachtskarte ans
Unisekretariat.

Wer von euch am
Ende des Tages ein
real existierendes
Weihnachtsgedicht
mit mindestens zwei
Strophen aufsagen
kann, gewinnt einen
von euch individuell
festgesetzten Preis.

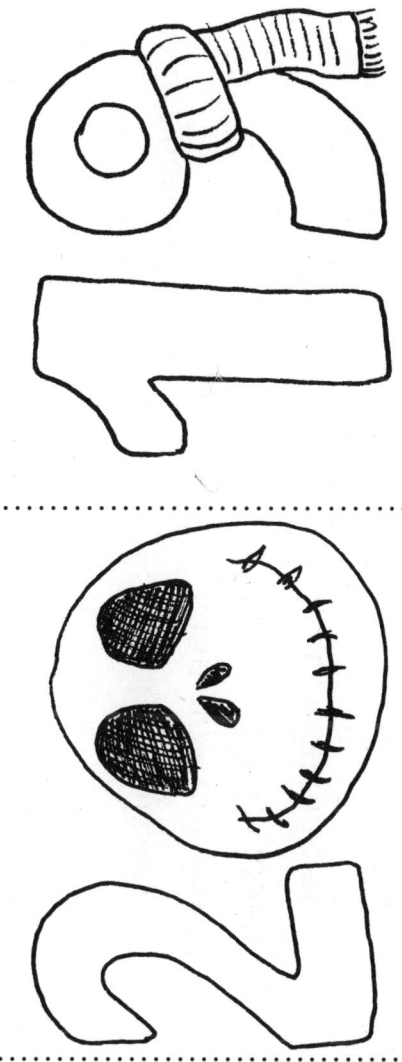

Spielt Montagsmaler
(einer malt, die
anderen müssen
raten, was es ist).
Die ersten Begriffs-
vorschläge:
Weihnachtsgans,
Nikolausstiefel,
Familienstreit,
Butterplätzchen.

Ändert für heute
euren Wlan-Namen
in »LastChristmasIst-
VollSchönUndGar-
NichtNervig«.

Heute wird's besinnlich:
Tagesaufgabe ist es, nach
Anbruch der Dunkelheit
mindestens eine Stunde
ohne elektrisches Licht zu
verbringen. Holt die
Kerzen raus und überlegt
euch schon mal
erzählenswerte
Gruselgeschichten.

Spielt heute Schrottwichteln. Jeder bringt – verpackt – etwas mit, das er besitzt, aber loswerden will. Alle »Geschenke« kommen in die Mitte, ein Würfel geht reihum. Wer 1 oder 6 würfelt, darf sich ein Geschenk nehmen, bei 2 muss alles einmal nach rechts weitergegeben werden, bei 4 muss es wieder zurück in die Mitte, bei 5 darf man sich eines von jemand anderem klauen. Wurde zehn Mal eine 6 gewürfelt ist das Spiel vorbei und jeder kriegt, was vor ihm liegt.

Macht heute Bratäpfel, denn das ist eine in Vergessenheit geratene Kunst. So geht's: Äpfel von ihrem Kerngehäuse so entfernen, dass der Apfel ganz bleibt, aber die Mitte wie ausgestanzt ist. Die Mitte mit dem füllen, was ihr mögt. z. B. eine verquirlte Mischung aus Quark, Honig, Eigelben und Mandelblättchen. Oder Haselnusssplittern, Honig und Marzipan. In einer gebutterten Auflaufform in den Ofen schieben, 200 Grad, ca. 15 Minuten backen.

Geschafft! Heute fahrt ihr sicher sowieso alle nach Hause. Gießt die Blumen noch mal, schließt ordentlich ab und schreibt vorher einen netten bis lustigen Weihnachtsgruß auf ein ausreichend großes Blatt Papier, das ihr dann für Hausbewohner und Passanten an die Haustür klebt. Dann weiß wirklich jeder: Ihr seid die liebste WG der Welt! Frohe Weihnachten Ω

REGISTER

ÜBER DIE AUTOREN

Bernhard Finkbeiner wurde 1983 in Ludwigsburg geboren und studierte in Deutschland und in Kanada. Er betreibt das Haushaltsportal www.frag-mutti.de sowie seit 2011 das Onlineberatungsportal www.yourxpert.de. Mit seiner Familie lebt er in Ludwigsburg.

Hans-Jörg Brekle, 1976 in Stuttgart geboren, lebt mit seiner Frau und seinen zwei Kindern in Benningen am Neckar. Der gelernte Zimmermann, Sozialpädagoge und Master der Organisationsentwicklung arbeitet in einem Wohnheim für Menschen mit psychischer Erkrankung und einer Suchtmittelerkrankung auf der Karlshöhe Ludwigsburg.

Tabea Mußgnug, Jahrgang 1987, studierte in Heidelberg Kunstgeschichte, Religionswissenschaft und Byzantinische Archäologie und promoviert in Kunstgeschichte. Sie arbeitet in einem Archiv und hofft auf das große geniale Jobangebot.

Tabea Mußgnug
Nächstes Semester wird alles anders ...
Zwischen Uni und Leben!
Für alle, die denken, sie bräuchten einen Plan

Band 03393

»Letztens hab ich mich wahnsinnig erwachsen gefühlt. Dann
hab ich Princess Sparkle, mein rosa Plüsch-Einhorn im Bett
gesehen, und weg war das Gefühl wieder. Ich habe mal gelesen, die Adoleszenz würde sich immer weiter nach hinten
hinausschieben. In meinem Alter waren meine Eltern schon
sechs Jahre verheiratet, meine Oma hatte mit 26 drei Kinder.
Ich fühle mich schon eingeengt, wenn ich mich für den Uni-
Schwimmkurs fürs ganze Semester anmelden muss.«
Tabea Mußgnug berichtet unterhaltsam aus ihrem Leben als
ganz normale Geisteswissenschaftsstudentin. Ein Leitfaden
für alle, die wissen, wie es sich anfühlt, wenn man ständig
gefragt wird: »Und was macht man dann damit?«

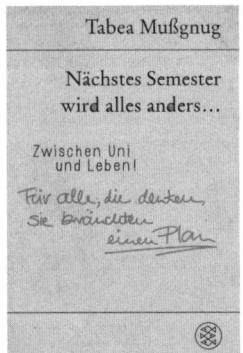

Das gesamte Programm gibt es unter
www.fischerverlage.de